Reflexões de um Hipnólogo

Fábio Augusto de Carvalho

Reflexões de um Hipnólogo

Hipnose e mudanças positivas

1ª edição revisada
2016

Nota: Muito zelo e técnica foram empregados na edição desta obra. No entanto, podem ocorrer erros de digitação, impressão ou dúvida conceitual. O autor não assume qualquer responsabilidade por eventuais interpretações ou ações originadas do uso desta publicação.

Adaptação de capa:
Diogo Camilo

Revisão de texto:
Daniel Prado

Dados Internacionais de Catalogação na Publicação (CIP)

C331
     Carvalho, Fábio Augusto de, 1980-
       Reflexões de um Hipnólogo / Fábio Augusto de
     Carvalho. – 1ª Edição, 2016.
     210 p.

     ISBN: 978-85-921011–0-7
     ISBN: 978-85-921011–1-4 (ebook)

    1. Hipnose. 2. Hipnotismo. 3. Auto-Hipnose. 4. Hipnoterapia. 5. Neurolinguística. 6. Reflexões.

CDD: 154.7
CDU: 159.962

Dedicatória

Dedico este livro aos mestres e mentores que tive no universo da hipnose, aos meus alunos e também a cada uma das pessoas que de forma direta ou indireta contribuíram para que eu me tornasse um melhor hipnólogo.

Sumário

Agradecimentos   9
Prefácio   11
Introdução   15

Parte 1: Refletindo a Hipnose
    Breve reflexão histórica sobre a Hipnose   21
    Teorias sobre a Hipnose   31
    Os segredos da Hipnose   43
    Hipnose sem sobrenomes   47
    As palavras e a Hipnose   51
    Como ser um Hipnólogo melhor?   57
    Perigos da Hipnose   61
    A Hipnose terapêutica   65
    A Hipnose nos palcos   69
    A Hipnose nas ruas   75
    Auto-Hipnose explicada   81
    Hipnose Educacional   89
    Hipnose e Aprendizagem   95
    Regressão pela Hipnose   105
    Padrão Visual de Suscetibilidade   109
    Dúvidas e Mitos sobre Hipnose   117

Parte 2: Mudanças Positivas

  Mudanças profundas e rápidas 129

  Pelas estradas da vida 135

  Princípio prazer-dor e as áreas da vida 139

  Coaching: A chave da excelência 147

  Sucessos passados criam seu futuro 151

  Tomando decisões 155

  Compartilhando Conhecimento 159

  Metáfora da Areia Movediça 163

  Mensagens dentro de metáforas 167

  O Cérebro, uma poderosa ferramenta 173

  Pensar e Criar 177

  Alcançar a sensação de autocontrole 181

  Equação da Mudança 185

  A observação e a realidade 189

  Percepção 195

  EU superior e o autoconhecimento 201

Bibliografia 205

Sobre o Autor 211

Agradecimentos

Quero agradecer profundamente à minha esposa,
Lucinéia Boesing, pelo apoio incondicional durante
todo o processo de compilação deste livro.

Prefácio

Estamos testemunhando o crescimento, uma explosão luminosa, na sofisticação da ciência da mente, especialmente, no esclarecimento de como a mente (*nosso software*) se relaciona com o cérebro (*nosso hardware*).

É neste patamar que a hipnose encontra seu lugar de respeito como uma ciência que trata quase exclusivamente com interações psique/corpo. Estes fenómenos hipnóticos têm sido interpretados, através do tempo, da história, de formas e maneiras diferentes, de acordo com a ideologia de cada cultura.

Por isso quando o meu amigo e colega Fábio de Carvalho me solicitou fazer o prefácio de seu livro, "*Reflexões de um Hipnólogo*", aceitei na hora, o que seria para mim um enorme prazer. Mas, passado uns instantes pensei: 'como faço para explicar, com vieses de cunho científico, algo como a Hipnose que apresenta fenómenos que não são facilmente mensuráveis, ou lidos de formas quantificáveis e que se demonstram de caráter intangível'.

Como era o pedido de um amigo, ficou claro que devia continuar com a ideia, aconteça o que acontecer. Neste tema da Hipnose, as vezes se confunde conteúdo com contexto e isto era algo que eu devia evitar neste trabalho.

Assim que comecei pelo princípio, lendo o trabalho "Reflexões de um Hipnólogo". O que eu achava seria "mais um..." foi tomando conta, cada vez mais, de minha atenção, até por um excesso de zelo no início e que se foi transformando em um processo de focalização por interesse no tema e pela excelente forma de conduzir o mesmo pelo autor.

Este escritor deixa em todo momento bem claro que muitas das falácias de tentar explicar ou demonstrar a Hipnose, estão nos ambientes muito carregados de ceticismo, coisa que já não acontece mais quando a aplicação se dá em outras áreas como a da saúde, por exemplo, onde se consegue desde anestesia, até controle da dor, passando por cicatrizações precoces e vaso-contrição. Áreas exclusivas do Sistema Nervoso Autônomo, o que demonstram que a Hipnose existe, já que interage com eficácia neste nicho. O autor fica experto e usa suas "artimanhas" dando suas explicações que o fazem superar esses sofismas técnicos, deixando aos mesmos numa posição incongruente ante suas conclusões.

Ele nos leva a fatos comprovados por especialistas na área que com ajuda de aparelhos de última geração (como é caso de PET – tomógrafo de pósitron e da RMf (ressonância magnética funcional), tem demonstrado "como" e "onde" este fenómeno se desenvolve dentro da mente humana.

Fica justificada, assim, esta "aventura" ao escrever este livro de poder ajudar alguém com as técnicas da hipnose, ser útil, usando esta poderosa ferramenta agindo para que as coisas aconteçam de uma forma mais rápida, eficiente e "ecológica" (permita-me usar esta expressão).

Fica exposto que as vezes o "porque" certos fatos acontecem, não são tão importantes para o paciente, como fazer que incidam na solução de seu caso, neste caso o que importa é o "como".

Quando você amigo leitor tenha este exemplar nas suas mão, antes de tirar suas conclusões, lhe sugiro uma cautelosa percorrida investigativa e curiosa destes fenómenos em centros hospitalares, departamentos assistenciais, para poder comprovar algo que você não vai achar em biblioteca alguma, que o sofrimento, a dor, a falta de recursos, de conhecimentos, o desespero de atingir alivio, a ansiedade por sarar, fazem com que certas "alternativas" ou medicinas complementares – neste momento se esta usando o termo de 'medicina integrativa', supram essas falências, usando elementos que estão disponíveis dentro do mesmo sujeito.

Nas revoluções francesa e russa, os filósofos e pensadores foram de "certa" utilidade, mas quem fez acontecer esses fatos, não foram as tintas gastadas na impressão das ideias, senão o sangue e pólvora gasto pelo povo em aceitar e ir adiante.

Tem pessoas como os movimentos ecológicos que criticam os alimentos transgênicos, o uso de celulares, a clonagem, a implantação das "células tronco" sem saber direito o resultado final. Este livro vira o rosto para eles.

Amigo Fábio de Carvalho, o conhecimento nos mostra o caminho, mas nossos pés e nossa vontade e decisão por atingir essa meta são os que nos levam até ela.

Vai em frente e enfrente esta luta! Eu estou com você!

Fabio Puentes - Hipnólogo Clínico
Depto. de Neurocirurgia, Grupo da Dor.
Hospital das Clínicas da F.M.U.S.P. (São Paulo, Brasil)

Introdução

As vezes eu me pergunto se existem verdades por trás das verdades individuais, e se existem outras verdades.

O que quero passar aqui não é mais do que um ato de sacerdócio, não é mais do que uma atitude professoral, é algo que flui naturalmente, e é de dentro do meu ser e do meu coração.

Tudo começou com meus questionamentos, e pela minha vontade de conhecer mais a respeito de mim mesmo, e é esta a essência das reflexões que eu trago neste livro. Não tenho a pretensão de entregar a verdade, senão apenas compartilhar contigo ideias que facilitem e alimentem também os seus próprios questionamentos.

Logo cedo eu comecei a questionar a vida e

pensei que meu caminho seria pelo sacerdócio propriamente dito. Talvez por influência da religião, eu tenha querido me tornar um padre quando ainda muito jovem – na adolescência – e isso esteve firme na minha ideia; até que um dia eu me aventurei ao estudo, e descobri que não era bem isso o que eu buscava. Mais adiante eu me adentrei no campo da paranormalidade, buscando outras informações e outros conhecimentos que até então eu não tinha.

Costumo mencionar o fato de que a hipnose apareceu em minha vida mesmo antes de eu nascer; digo isso pois o celebrante do matrimónio dos meus pais, o "Frei Chico", um frei católico e amigo da família, era praticante do hipnotismo. Quando da festa de recepção do casamento deles, o frei fez demonstrações de hipnose com os convidados e familiares; sendo este e outros episódios alimentados e falados com naturalidade em casa. Anos mais tarde tive a oportunidade de aprender, diretamente do frei, algumas técnicas avançadas de hipnose.

Por volta dos meus treze anos de idade eu tive contato concreto e prático com a Hipnose; através da influência de um amigo, o Danilo Assis, quem descobri ser um conhecedor e praticante de hipnotismo, consegui meu primeiro livro sobre o assunto.

Mais tarde busquei aprimorar o conhecimento através de estudos avançados e profundos em Hipnose e Programação Neurolinguística. Participei de diversos cursos, li dezenas de livros e desenvolvi uma consciência ampla com relação aos fenômenos hipnóticos, suas origens, histórias e influências nos contextos em que eu os praticava.

Não demorou muito para que eu iniciasse a compartilhar os conhecimentos que fora adquirindo. Isso aconteceu na forma de palestras, cursos e demonstrações da fenomenologia hipnótica. Desenvolvi nesse período, cursos específicos para facilitar as pessoas alcançarem o estado de auto-hipnose e com isso desenvolverem habilidades de impacto positivo em suas vidas.

Também atendi ao convite das circunstâncias e passei a atender como terapeuta holístico no extinto Instituto Excelência, do meu amigo Magaliel Rosalino, onde pude trabalhar diretamente com o processo chamado de hipnoterapia, fazendo uso principalmente da hipnose clínica sob a metodologia ericksoniana.

Além da hipnose, fiz uso de muitas outras ferramentas e metodologias que são oriundas da programação neurolinguística e das técnicas que são conhecidas como terapias alternativas ou holísticas.

Durante as últimas duas décadas tenho aprofundado meus estudos em hipnologia, e ampliado meus conhecimentos teóricos e práticos também em outras áreas correlatas. Recorri aos registros históricos a respeito dos temas relacionados à transe, mesmerismo, hipnotismo, e estudei as pesquisas científicas mais recentes de como funciona o cérebro de uma pessoa hipnotizada. Somente depois dessa jornada de anos de estudo e prática, foi que me aventurei a escrever algumas reflexões a respeito da hipnose.

Minhas reflexões neste livro fazem um apanhado das experiências que acumulei ao longo dos anos no campo da hipnose, da programação neurolinguística, das jornadas de aprofundamento em processos de mudanças e outras influências.

Então, não acredite no que eu vou falar, não acredite absolutamente em nada, e no final tire as suas conclusões, faça as suas avaliações e deixe que isso perdure pelos dias. Porque se você acreditar no que eu estou falando, você vai ficar com uma dúvida, e vai permanecer com essa dúvida.

Porque acreditar é duvidar.

PARTE 1

Refletindo a Hipnose

Breve Reflexão Histórica sobre a Hipnose

"Sem reflexão, vamos cegamente no nosso caminho, criando novas consequências inesperadas, e falhando em conseguir qualquer coisa útil."

– Margaret J. Wheatley

O fenômeno que hoje conhecemos como hipnose já recebeu diferentes denominações e definições. Na antiguidade os fenômenos do transe eram utilizados como um valioso método de adormecer as pessoas, e muitas vezes foram associados a manifestações sobrenaturais, e até demoníacas. Os que dominavam esta arte eram possuidores de qualidades excepcionais, e via de regra eram considerados magos, xamãs, líderes espirituais.

Envolto numa atmosfera de mistério, misticismo, crendices e superstições, esses fenômenos, permaneceram dentro de uma nuvem de encantamento, feitiços, milagres e sedução. Os fenômenos não foram estudados com a devida profundidade pelos científicos ao longo do tempo.

Entretanto, no século 18, tudo isso começou a mudar através do médico *Franz Anton Mesmer* (1734-1815), quem propôs a ideia do magnetismo animal. Uma forma de transformar o fluido cósmico universal em fluido vital, e provocar cura através dessas influências magnéticas dos astros ou metais. Mesmer teve muito prestígio em sua época, apesar de ter sido desacreditado por um relatório da comissão da Academia de Ciências e da Academia de Medicina, em Viena, que conclui que tudo o que Mesmer realizava, era devido a imaginação de seus pacientes.

Apesar de em 1831, outro comitê francês, ter sido altamente favorável ao mesmerismo, e revertido a condenação previamente sofrida por Mesmer, já não havia mais recuperação para o que havia acontecido; ao menos no contexto histórico da hipnose. Mesmer deixou vários discípulos e outros curiosos em entender melhor aquele fenômeno que tanto chamou a atenção da sociedade e da comunidade científica daquela época.

Alguns nomes se destacaram, entre eles, *Armand Marie Jacques Chastener* (Marquês de Puységur, 1751-1825), quem passou a usar o magnetismo aprendido com Mesmer de uma maneira mais branda, desenvolvendo algumas teorias a respeito da importância à vontade do magnetizador sobre o magnetizado. Puységur, da mesma forma deixou alguns discípulos, entre eles, *Barão de Du Petet, Charles Lafontaine* e *Pe. José Custódio de Faria* (Abade Faria).

Charles Lafontaine, um francês, que fez bastante sucesso como magnetizador através de demonstrações pela Europa, principalmente na Inglaterra. Lafontaine chamou a atenção do médico britânico, *James Braid* (1795-1860), que era contra as ideias e práticas do fluido magnético. E examinando o trabalho de La Fontaine, e a partir de suas observações começou a se interessar pelo estudo do então Mesmerismo, apesar de não acreditar que o fenômeno do magnetismo adivinha de forças estranhas e sobrenaturais, nem tampouco de astros e metais.

Dos seus estudos e conclusões, Braid publicou em 1843 *"Neurypnology or the Racional of Nervous Sleep considered in relation to animal magnetism or mesmerism"*. Desse trabalho e observações rigorosas e científicas, Braid associa o fenômeno como sendo devido à um tipo de sono nervoso, e batiza-o como sono neuro hipnológico. Surgindo assim o termo Hipnose, que nasceu das junções da palavra *hipnos*, deus do sono na mitologia grega, e *ose*, um sufixo que significa "cheio, muito"; portanto, a palavra hipnose seria uma referência ao sono neuro hipnológico.

Braid disse: "*Não há qualquer fundamento no mecanismo mesmérico. Nenhum paciente sofre qualquer influência fluídica derivada de astros, da atmosfera ou de outras pessoas. A causa do sono hipnótico, a verdadeira causa está dentro de nós mesmos.*"

Sabemos atualmente que hipnose é diferente de sono. Também, através dos estudos de outros cientistas influenciados pelas ideias de Braid, nomes como *Ambroise Augusto Liébeaut* (1823-1904), quem criou a Escola de Nancy, na França. Junto a ele teve *Hippolyte Bernheim* (1840-1919), que trabalhou e dedicou-se ao hipnotismo na Escola de Nancy. Liébeault e Bernheim, afirmavam que a hipnose era um fenômeno derivado da sugestão.

Também na França, outro nome importante para a hipnose e os estudos associados aos fenômenos e suas explicações, surgiu *Jean Martin Charcot* (1825-1893), quem afirmava que somente os histéricos podiam ser hipnotizados. Ele foi chefe da Escola de Salpetriére, onde realizava seus estudos e tratamentos, e propunha a ideia de que a hipnose era devido a um estado patológico que se dividia em 3 estágios: Letargia, Catalepsia e Sonambulismo.

De forma mais recente, *Ivan Petrovitch Pavlov* (1849-1936), russo, prêmio Nobel de fisiologia, cientista que estudou os reflexos condicionados, achava que o fenômeno hipnótico era mais uma sequência de reflexos condicionados e não concordava com a ideia da teoria psicológica atribuída à hipnose.

Outro nome que teve influência no universo da hipnose foi *Sigmund Freud* (1856-1939), pai da psicanálise, e também aluno de Charcot na Salpêtrière, depois com Liébeault e Bermheim em Nancy. Em seus estudos, Freud tentou os métodos hipnóticos, mas, resolveu mudar seu método e com isso, surgiu a psicanálise.

Também, *Émile Coué* (1857-1926) foi aluno da Escola de Nancy e influenciado por Liébeault, foi adepto da ideia da sugestão e criou a famosa frase *"Todos os dias, sob todos os pontos de vista, eu vou cada vez melhor"*. Sua proposta é a de que qualquer ideia que ocupe sua mente, se transformará em realidade. Talvez Coué seja umas das principais influências para o que conhecemos atualmente sobre auto-hipnose ou autossugestão.

Junto as evoluções dos estudos sobre a hipnose e das comprovações científicas mais modernas, encontramos contribuições de extremo valor para o entendimento não apenas dos fenômenos, mas também das aplicações práticas e de como conseguir resultados através da hipnose em vários contextos.

Talvez a personalidade de maior proeminência na história moderna da hipnose é *Milton Hyland Erickson* (1901-1980), um médico psiquiatra norte-americano que passou a ser chamado de pai da Hipnose Moderna, dada a importância e a originalidade da sua obra. Erickson eliminou a formalidade e os rituais da hipnose, usando conversas hipnóticas, e contava histórias ou metáforas que funcionavam terapeuticamente.

A realidade é que a partir de Milton H. Erickson, a hipnose deixou de ser a mesma, porque sua contribuição foi tão grande aos modelos de hipnose que existiam, que hoje, quando falamos em hipnose, já não nos referimos somente ao modelo "antigo" e sim ao "modelo de Milton", o modelo da "Hipnose Ericksoniana".

Muitos foram os nomes que contribuíram para o desenvolvimento e entendimento da hipnose, para o esclarecimento dos fenômenos e das possibilidades da aplicação da hipnose em contextos dos mais diversos como áreas da saúde, de desenvolvimento pessoal e profissional, entre outras.

No Brasil, do século 20, vivemos as fases da absorção de conhecimentos provenientes principalmente da influência de renomados hipnotistas europeus e americanos. Não somente limitados às novas informações que chegavam, mas também aos registros históricos da influência que surgiram no século 19 e das tentativas de divulgar o magnetismo no Rio de Janeiro de 1861, quando um grupo de médicos (dentre eles, *Leopoldo Gamard*) fundaram a *Sociedade de Propaganda do Magnetismo* e o *Júri Magnético do Rio de Janeiro*, cujos estatutos foram aprovados pelo Governo Imperial do Brasil.

Na metade do século, houveram eventos importantes de divulgação da hipnose, e a formalização e aceitação dos conselhos de classe das áreas médicas e da saúde, abriram espaço para o ressurgimento da hipnose. Durante a década de sessenta, por decreto do presidente Jânio Quadros, houve a proibição das apresentações públicas de hipnose de palco que agitava o cenário nacional. Tal decreto foi derrubado pelo então presidente Fernando Collor no final da década de oitenta, o que fez ressurgir o interesse no fenômeno da hipnose além dos âmbitos das áreas da saúde e das pesquisas científicas.

Recentemente, já no século 21, sugiram várias tentativas de retomar os congressos científicos e específicos sobre hipnose. Também, por conta do advento da internet, foi facilitado o acesso da população à conteúdos que anteriormente não estavam disponíveis.

Publicações em larga escala, sejam livros, revistas e artigos científicos, todos disponíveis apenas a um clique. Muitas vezes de forma gratuita e disponíveis em vários idiomas, as informações de comprovação científica, casos de sucesso no uso e aplicação da hipnose, e também vídeos, cursos e palestras disponíveis pela internet, preparados por várias pessoas interessadas em divulgar e contribuir de maneira positiva com a divulgação da hipnose no Brasil e no mundo.

Tudo isso tem facilitado ao público tanto leigo como especialista em aprofundar seus conhecimentos.

A hipnose sempre foi uma realidade na vida cotidiana de todos nós, apenas não tínhamos tanta informação disponível a respeito, para comprovar e aceitar essa afirmação.

Com o crescimento em todo o mundo dos adeptos de Milton H. Erickson, tivemos no Brasil no início dos anos 90, o período da Hipnose Ericksoniana, promovida muito pela vinda de vários estudantes diretos de Erickson e da criação dos Institutos Milton Erickson em alguns estados do Brasil. Também influenciados pela forte presença da Programação Neurolinguística (PNL) no Brasil, e pelos institutos de formação em Neurolinguística da época que ofereciam formações em hipnose; a maioria voltada ao modelo Ericksoniano.

Enquanto a PNL começava a migrar o foco de atenção para o Coaching, a Hipnose sem sobrenome começava a ressurgir através dos novos recursos tecnológicos como a internet e redes sociais.

Surgia então outras maneiras de viabilizar o acesso ao conhecimento e estudo da hipnose, e também acesso a uma quantidade exagerada de informação não estruturada ou organizada sobre o assunto. O que junto ao fenómeno dos e-books, que surgiram também no mesmo período, permitiram a distribuição mais rápida dos livros, artigos e vídeos sobre hipnose, e também de conteúdos não necessariamente relevantes ou cientificamente comprovados.

Aliado a esse fenómeno de massificação da hipnose nas redes sociais, apareceram os vídeos de hipnose em sites como o Youtube, popularizando as técnicas que provocam o transe e alguns tipos de indução. Além da divulgação dos estudos e práticas da hipnose.

Vivemos a época do marketing do indivíduo que hipnotiza, que ensina a hipnotizar, e da hipnose em qualquer lugar. Mas também de uma sociedade mais consciente dos benefícios que a hipnose pode entregar.

Atualmente existem absolutamente uma infinidade de recursos disponíveis para o acesso ao conhecimento da hipnose, através de centenas de cursos, profissionais e entidades que divulgam e desenvolvem trabalhos pelo Brasil e em todo o mundo.

Teorias sobre a Hipnose

"expectativas pode alterar diretamente a nossa experiência
subjetiva de estados internos. Além disso, quando
esperamos um resultado específico, por vezes,
involuntariamente nos comportamos de modo a produzir
esse resultado"
– Kirsch, 1985, 1997, Kirsch & Lynn, 1999.

Em verdade, são várias as definições e teorias
encontradas para o estado hipnótico, desde a
época de Mesmer, que acreditava no magnetismo
através do uso dos imãs, passando por Charcot,
que entendia que através de pressões em certas
partes do corpo, um indivíduo pode ser
hipnotizado; e por Bernheim, que acreditava que a
hipnose é produzida por concentração em uma
ideia; até Erickson, que acreditava que a hipnose é
uma extensão cuidadosamente planejada de

processos que ocorrem no cotidiano, um estado de receptividade à nossa experiência interna, inconsciente.

As teorias da hipnose surgiram ainda antes mesmo da definição do termo hipnose, quando se tratava de determinar uma explicação aos fenômenos do transe, mesmerismo, e por último, hipnose. Por séculos a hipnose foi um enigma, muitas vezes considerado um jogo teatral, ainda continua algo não conhecido e pouco entendido. Existem várias teorias que buscam definir a sua natureza, e talvez tenhamos atualmente tantas teorias quanto há pessoas buscando encontrar uma explicação para o fenómeno.

Duas das definições bastante difundidas entre a comunidade científica são as da Associação Médica Britânica que em 1955 definiu a Hipnose como sendo um estado temporário de atenção modificada, o qual pode ser produzido por uma terceira pessoa e no qual aparecem diversos fenómenos espontaneamente ou em resposta a estímulos verbais ou outros. E da Associação Psicológica Americana que define a hipnose como sendo uma técnica terapêutica em que os profissionais fazem sugestões aos indivíduos que tenham sido submetidos a um procedimento destinado a relaxá-los e concentrar suas mentes.

Nas últimas décadas, o estudo e a prática da hipnose tem ganhado cada vez mais espaço em campos como a psicologia, medicina e outras áreas da saúde. Entretanto até o momento não há uma definição satisfatória, e um dos principais fatores que dificultam quase todas as teorias da hipnose é a tentativa equivocada de explicar de forma conjunta o procedimento de indução, as interações produzidas pelas emoções, e o resultado da resposta hipnótica.

Neste contexto buscamos trazer aqui algumas dessas teorias com a intenção de facilitar o entendimento sobre os fenómenos fundamentais, e as teorias que influenciaram e repercutiram no campo da hipnose.

Propuseram-se teorias e hipóteses diversas para explicar a Hipnose tais como as da tabela:

Ano	Teoria	Proponentes
1950	Sociopsicológica de papel	Sarbin & Coe
	Cognitivo-comportamental	Barber
1974	Neodissociativa	Hilgard
1986	Sociopsicológica	Spanos
1985	Expectativa de resposta	Kirsch
1991	Conjunto de respostas	Kirsch, Lynn
1994	Controle dissociativo	Woody & Bowers
1998	Dissociativa integrada	Woody & Sadler
1999	Cognitivo-integrativa	Brown & Oakley
2004	Cognitivo-integrativa	Brown & Oakley
2007	Controle frio	Dienes & Perner

É importante conhecermos as teorias sobre a hipnose, pois assim, nosso entendimento e nossa própria explicação do que é hipnose serão facilitados e melhor fundamentados.

Para um melhor esclarecimento, vamos agrupar as teorias em dois grupos principais: as teorias de estado versus as de não-estado, e as teorias fisiológicas versus as teorias psicológicas. As teorias que consideram a hipnose um estado alterado de consciência e teorias que consideram a hipnose como um fenômeno de atenção concentrada. Alguns investigadores defendem que o estado de hipnose é um "estado" outros defendem que tudo o que é conseguido nesse "estado" também se consegue fora desse "estado".

Ernest Hilgard por exemplo com a teoria da neo-dissociação, assim como Milton Erickson tem também suas linhas de pensamento teórico alinhado com as teorias de estado. Ao contrário deles, apareceram Spanos (teoria sociocognitiva), Kirsh e Lynn (teoria da expectativa de resposta) que seriam teorias de não-estado.

Portanto, na primeira classe, o que propõem as teorias de estado é que o transe é diferente qualitativamente de outras experiências mentais humanas, sendo a hipnotizabilidade uma espécie de capacidade, relativamente estável, com grandes diferenças individuais. Um grupo de pesquisadores defende a posição de que determinados fenómenos só ocorrem mediante determinados pressupostos (talvez "estados"). Estes são os que defendem as teorias de não-estado, pois consideram que os fenómenos hipnóticos são derivados de características psicológicas e sociais tais como a motivação, as expectativas de entrar em transe, a crença e a fé no hipnólogo, o desejo de agradar-lhe e uma boa experiência no primeiro transe.

Ainda assim, de forma complementar o que seria o segundo grupo, as teorias da psicanálise que fizeram comparação da Hipnose com processos de transferências, fenómenos histéricos, e de regressões infantis provocadas. As teorias neurofisiológicas que estão centradas na relação entre a Hipnose e o sonho, e recorrem à fisiologia para explicar os estados Hipnóticos como a inibição cortical, as mudanças bioquímicas, neurotransmissores e moduladores, dominância do hemisfério direito, entre outras. As teorias psicofisiológicas que privilegiam as relações entre a Hipnose e as respostas psicofisiológicas. As teorias psicossociais que defendem o papel das expectativas, da motivação, e na psicologia da aprendizagem para explicar estes fenómenos.

Uma das mais recentes teorias, a *"cold control"*

ou controle frio, afirma que a resposta bem-sucedida a sugestão hipnótica pode ser alcançada através da formação de uma intenção de executar a ação ou atividade cognitiva necessária. Para isso, Dienes e Perner (2007) propõem que há nessa teoria uma distinção entre o que é estar em um estado mental, do que seria estar ciente de estar neste estado. Assim, estaríamos então, conscientes das coisas e estados, por pensamentos ou percepções de que estes existem.

Um estado mental é consciente quando nós pensamos que estamos neste estado, por exemplo, quando temos um pensamento de ordem superior. Dessa maneira, a resposta a uma sugestão hipnótica poderia ser alcançada criando a intenção de executar uma ação, sem criar um pensamento de ordem superior sobre a intenção dessa ação. Nessa teoria a conclusão é de que qualquer coisa que pode ser feita fora da hipnose também pode ser feita com uma sugestão hipnótica, e qualquer pessoa não poderá fazer nada sob hipnose que do contrário não faria.

Parece haver um amplo consenso, quanto às características que estão presentes na Hipnose (*Mercader*, 2009). Ao menos uma dessas características comuns quanto a natureza da Hipnose é a necessidade do aumento da sugestibilidade no indivíduo hipnotizado. Para

Mercader a sugestionabilidade define-se como a disponibilidade para aceitar e responder a ideias e informações novas. Portanto, a sugestão é central no processo Hipnótico (*Erickson*, 1980).

Segundo Lynn & Kirsh (2004) as sugestões que caracterizam o campo da hipnose são de três tipos: sugestões ideomotoras, sugestões de desafio, e sugestões cognitivas. Para entender o que difere cada uma delas podemos exemplificar da seguinte forma:

- As ideomotoras são aquelas que sugerem que uma ação determinada vai acontecer automaticamente, sem consciência ou esforço voluntário.

- As de desafio são sugestões para que a pessoa não pode executar uma ação que normalmente está sob o seu controle voluntário.

- As cognitivas são sugestões de distorção de percepção, como por exemplo a amnésia seletiva, a redução da dor ou alucinações.

Entretanto, saber sobre esses principais tipos de sugestões serve para facilitar o entendimento e permitir a diferenciação das etapas que levam a pessoa ao estado de hipnose com relação às suas definições e teorias.

Com exames modernos como o PET Scan (tomografia por emissão de pósitrons) e a tomografia funcional digital, hoje, finalmente, constata-se que durante o transe pode haver uma modificação da informação cerebral. Essas pesquisas com PET Scan mostraram evidências de que a hipnose é um fenômeno de sincronização cerebral: o neocórtex sincroniza-se com as camadas cerebrais mais profundas. Mesmo que todo o cérebro não esteja em um estado de concentração único, esta "coluna de sinapses sincronizada" estabelece uma ligação entre o neocórtex, o sistema límbico e o tronco cerebral, permitindo os fenômenos únicos apresentados na hipnose. Assim, a hipnose seria mais uma manifestação "vertical" (de um ponto localizado na superfície para o centro do cérebro) do que "horizontal" (em toda a superfície cerebral), o que dificultaria a sua identificação em EEGs usuais.

Foi demonstrado, em um estudo, que apenas instruindo as pessoas a relaxar e imaginar poderia produzir efeitos hipnóticos bastante convincentes. No entanto, dando precisamente as mesmas instruções, mas precedendo-as com a informação de que aquilo era na verdade hipnose, produziu-se efeitos mais fortes (*Kirsch*, 1997). Foi possível tirar uma série de conclusões a partir deste estudo, incluindo a observação de que uma vez que simplesmente a palavra "hipnose" foi utilizada, o sujeito não pode fazer quase nada muito dramático. O melhor desempenho parecia improvável ter envolvido qualquer mudança impressionante no estado cerebral (*Les Brann, Jacky Owens & Ann Williamson*).

Mercader também sugere que o uso da hipnose sem sugestões parece muito com os padrões de ativação psicofisiológica encontrados em técnicas clássicas de redução de ansiedade, tais como, relaxamento, meditação, e treinamento autógeno. Entretanto, quando se usa sugestões específicas de mudanças psicofisiológicas, parece que o padrão de resposta é modificado na direção de alcançar tais sugestões.

Atualmente, das pesquisas científicas mais interessantes sobre Hipnose estão as associadas a condições neurológicas e psiquiátricas, diferenciando através de imagens a experiência hipnótica, sobrescrevendo processos automáticos com uso da hipnose, e a hipnose como ferramenta de reabilitação neuro-cognitiva. Estudos intrínsecos sobre Hipnose têm mostrado mais sobre a natureza da hipnose e estudos instrumentais ilustram ainda mais o potencial da sugestão hipnótica como uma ferramenta para explorar de uma maneira controlada, os fenômenos diretamente relevantes à neurociência cognitiva.

As teorias mais aceitas atualmente são as de **estado** e **não-estado**; sendo as teorias de estado aquelas que defendem que as induções hipnóticas produzem um estado alterado de consciência, e a resposta às sugestões hipnóticas como sendo um resultado aos processos especiais como a dissociação ou outros estados alterados de consciência. Já no caso das teorias de não-estado, as pessoas responderiam as sugestões tanto com ou sem hipnose; portanto, consideram isso como um produto de processos psicológicos normais como atitudes, expectativas e motivação.

Tendo o comentado acima em consideração, a dissociação é inerente ao fenômeno apenas dentro de uma linha teórica de explicação da hipnose.

A definição simplificada para a auto-hipnose estaria relacionada diretamente a *foco* e *expectativa*; fenômenos aplicáveis tanto dentro da teoria de estado como de não-estado, ainda que mais especificamente explicada pela Teoria da expectativa de resposta proposta por Kirsch e Lynn. Eles propõem que os indivíduos em situação hipnótica generalizam a expectativa de resposta (a crença) de que eles vão seguir as instruções do hipnotizador (ou a si mesmo) e irão produzir comportamentos que são vivenciados como involuntários.

A teoria da influência social propõe que a pessoa hipnotizada é completamente tomada pelo papel de hipnotizado. Essa teoria suporta a ideia da influência das condições sociais na formação e modificação de ideias e opiniões do hipnotizado, principalmente influenciados pelas ações de uma outra pessoa.

Considerando a observação de que o modo como o aspecto social pode influenciar a formação de valores, crenças, atitudes sociais e opiniões pessoais, contribuindo para o estabelecimento de normas sociais, podemos expandir o mesmo conceito e aplicar na resposta hipnótica conseguida. Logo, por essa teoria teríamos a explicação de que a pessoa hipnotizada estaria, durante o transe, respondendo à influência dos demais – caso haja alguém em transe para servir como referência – ou em respeito à regra de que o hipnotizador exerce alguma forma de "autoridade" sobre o hipnotizado.

Muitos são os estudos a fim de ampliar tanto as comprovações científicas e evidências da fenomenologia hipnótica do transe, quanto os resultados na aplicação da hipnose. Dentre vários estudos, destaco um realizado em profundidade por Jamieson & Woody (2007), constatando que pessoas altamente sensíveis à hipnose, ou altamente hipnotizáveis, produzem mais erros do que as pessoas menos hipnotizáveis ou menos sensíveis à hipnose, enquanto outros estudos identificaram melhorias do controle de atenção sob hipnose. A eficácia de uma indução hipnótica parece depender inteiramente das crenças das pessoas sobre a sua eficácia, e indivíduos altamente hipnotizáveis respondem de acordo com as suas crenças (Lynn & Rhue, 1991) nessas situações.

A neurociência também surge como uma alternativa de facilitar e aprofundar a investigação científica da hipnose. Vários são os resultados de investigações sobre a hipnose, e publicadas em revistas científicas incluindo: *International Journal of Clinical and Experimental Hypnosis*, *American Journal of Clinical Hypnosis*, e o *Journal of Mind Body Regulation*.

São muitas as teorias relacionadas à hipnose, conforme indicamos, portanto, o que fizemos foi tentar esclarecer as principais delas nesta reflexão.

Os Segredos da Hipnose

"Se soubéssemos os segredos uns dos outros, qual
conforto encontraríamos."

— John Churton Collins

Teria o fenômeno da hipnose algum segredo?

O mito da hipnose como mistério foi revelado com o advento da tecnologia, e os fenômenos hipnóticos deixaram a esfera da fantasia e passaram a ser observados como condições reais. De maneira simples, através do uso da aplicação de tomografia por emissão de pósitrons, ou PET Scan, pôde-se descobrir como o cérebro de uma pessoa hipnotizada se comporta.

Na hipnose, o segredo da coisa, a fórmula mágica, por mais simples que pareça, é apenas saber gerenciar a expectativa e o foco de atenção da pessoa a ser hipnotizada. No caso da auto-hipnose lógica também é a mesma coisa, porém agora será a própria expectativa que deve ser gerenciada.

No contexto da hipnoterapia, ou seja, do uso da hipnose em processos terapêuticos, o segredo está em identificar o que o cliente realmente quer, auxiliá-lo nesta busca e facilitar isso à pessoa através da hipnose.

Isso quer dizer que para provocar o fenômeno da hipnose bastaria, entre outras coisas, saber identificar os mecanismos que facilitam descobrir o que controla a expectativa das pessoas a serem hipnotizadas. Também é imprescindível reduzir o medo de ser hipnotizado, porque o nível de transe hipnótico alcançado é diretamente proporcional ao nível de medo em ser hipnotizado que a pessoa detém.

A gestão da expectativa é conseguida através da negociação e troca de apreciação ao trabalho executado pelo hipnotizador, em função do objetivo ou trabalho de mudança que se espera obter. Esse trabalho cria um contexto saudável de aceitação por quem será hipnotizado, facilitando assim, todo o processo de condução do indivíduo ao estado de hipnose.

Faz-se necessário levar em consideração o

objetivo principal a ser alcançado, tendo em vista a possibilidade de ser conseguido, e se o mesmo se encontra dentro dos limites de viabilidade e disponibilidade para ser conseguido. Feito isso, pode-se complementar o trabalho com avaliações e reflexões que facilitem o entendimento e dão claridade a respeito do objetivo, facilitando assim, o início do processo de eliminação das dúvidas da pessoa a ser hipnotizada.

Quando se consegue a ausência completa de dúvida por parte do candidato à hipnose, que é uma das principais barreiras para alcançar o transe hipnótico, passamos a conseguir uma resposta com maior receptividade às sugestões empregadas durante o processo de condução e promoção da hipnose. Isso facilitará o próximo aspecto importante na obtenção do fenômeno do transe hipnótico e que tem a ver com o direcionar a atenção da pessoa.

O desvio de atenção é um fator extremamente relevante na fórmula hipnótica e é um dos segredos em conseguir que a hipnose aconteça em vários contextos.

Com isso, é importante fazer uso dos recursos que auxiliam na promoção da fenomenologia, que são muitas vezes conhecidos como constelação hipnótica.

A constelação hipnótica são os sinais físicos que indicam o transe hipnótico. Pode ser utilizada com três objetivos principais: determinar a meta a ser conseguida com a hipnose, ajudar a sinalizar o fim da indução, o desejo de começar a utilização, e por último, estimular o aparecimento de elementos usados para ratificar o transe.

Eliminemos de uma vez os segredos para entregar a fórmula da hipnose. *Expectativa + Ausência de Dúvida + Desvio de Foco/Atenção = Hipnose.*

Hipnose sem sobrenomes

"A hipnose não é um estado bem delineado, mas um processo flutuante que, como em qualquer estado alterado de consciência, depende do grau de excitação ou perceptividade induzida pelo hipnotizador ou a si mesmo."

– Dr. Bruce Goldberg

A Hipnose é uma só, praticada de forma diferente e provocando resultados diferentes.

Podemos resgatar a ideia inicial de James Braid quando em 1843 cunhou o termo Hipnose e que quer dizer em última instância: cheio de sono. Talvez ainda se considerarmos que houveram outros praticantes de fenômenos associados à transes e que alguns deles terminaram por criar termos complementares ou até mesmo adicionar seus sobrenomes às suas práticas com a intenção de diferenciar suas técnicas e métodos dos demais praticantes.

Dentro dessa ideia de diferenciação do fenômeno ou da necessidade de explicações teóricas ou mesmo referenciais para os métodos desenvolvidos e praticados com finalidade de alcançar, principalmente o que hoje conhecemos por hipnose, é que estabelecemos uma reflexão a luz de alguns dos principais sobrenomes que modernamente tratam de entregar, de maneira proposital, diferentes interpretações para o mesmo fenômeno.

Talvez a diferença mais marcante nos dias atuais é quanto à classificação de Hipnose Clássica e Moderna. A ideia de atribuir os termos "clássica" ou "moderna" para a hipnose surge não apenas por causa do surgimento de novos métodos e técnicas, mas também influenciada pela mudança de paradigma histórico e filosófico. No período clássico não havia o conceito de sujeito e sim de indivíduo somente, e com a modernidade o sujeito passa a ser a personagem principal da trama e isso faz com que os termos sofram mudanças em como tratar esta realidade, pois "linguagem" é, no fundo, para explicar uma realidade.

A hipnose passou a ser considerada como Hipnose Experimental, ou seja, quando com foco no estudo e prática da hipnose em contexto de pesquisa científica, educação e prática clínica.

A partir do conhecimento do que foi o estilo de hipnose praticado por Milton H. Erickson, surgiu então um novo estilo de hipnose, chamado de Ericksoniana por fazer alusão ao seu praticante original. Um tipo de hipnose muito mais permissiva e indireta, mais conversacional e que fazia uso de conceitos novos e diferentes dos métodos tradicionais, chamados de clássicos, que tendem a ser justamente o contrário – diretos, paternais e monótonos.

Existem vários sobrenomes para a hipnose, o que não muda o fato de a hipnose ser uma só, porém, colocada em diferentes contextos e explicada de diversas maneiras com a finalidade de dar sentido e trazer significado ainda mais específico quanto ao procedimento de uso e aplicação da hipnose nesses determinados contextos.

Numa metáfora representacional esclareço a diferença entre Hipnose Clássica, Moderna e Ericksoniana comparando a Hipnose Clássica com o Disco Vinil, que requer o uso de técnicas específicas e está demarcada numa área que denota certa limitação. Enquanto a Hipnose Moderna eu compararia com um *Compact Disc*, moderno, flexível, e permissível o bastante para englobar outros recursos.

Por fim, a Hipnose Ericksoniana, eu a defino como a hipnose contemporânea e na era tecnológica atual, comparo com as tecnologias digitais como os arquivos de música em formato *mp3* ou mesmo *streaming*, que não deixaria de ser nesse contexto, bastante ecológico, permissível, de vanguarda e ajustado ao próprio indivíduo.

Talvez se fizermos um paralelo e buscarmos uma comparação para o Mesmerismo, eu consideraria o conjunto de técnicas talvez como a antiga Fita Cassete, onde o resultado esperado é conhecido e existe um conteúdo muito específico a ser aplicado no que tange ao conjunto de técnicas e métodos utilizados.

Ao assumir a possibilidade de criar a sua própria maneira de conduzir as pessoas à hipnose, então, já seriamos agentes contribuidores ao processo de evolução da hipnose. Ainda que isso seja bastante relevante, não implica dizer que batizar a hipnose com algum sobrenome fará do fenômeno hipnótico uma experiência diferente daquilo que já está estabelecido e provado como sendo apenas: hipnose.

As Palavras e a Hipnose

"O que é mais fácil de ver, é muitas vezes ignorado."

— *Milton H. Erickson*

O que se diz durante ou quando fazemos hipnose? Esta é uma pergunta que eu recebo constantemente.

Minha resposta mais comum é com uma outra pergunta: Como sabem, as palavras podem dizer muitas coisas, não podem?

Então, as palavras ditas para levar alguém ao estado de hipnose não necessariamente são relevantes. A questão é que não é tão importante o que se faz ou diz, mas sim, como se faz e diz as palavras.

Ainda que estas possam ter um peso tremendo de interpretação lógica por parte de quem as recebe. O significado da comunicação ao ser dado pelo receptor, nos dá um indicativo de que o uso de palavras adequadas seria algo importante para provocar um transe, ainda que seja necessário para o processo de indução verbal, o resultado é na prática alcançado muito mais por conta das ações que acompanham as palavras, do que as palavras em si. Digo isso porque é possível hipnotizar alguém até mesmo sem o uso de nenhuma palavra.

Pessoas entram em estado de hipnose a todo momento, de forma natural, através de sons, gestos, aromas, enfim, de distintas maneiras através dos sentidos de percepção. Para Edmund Husserl (1859-1938) "consciência é sempre consciência de alguma coisa. É um ato, e não uma substância.". E neste princípio de intencionalidade encontramos um alinhamento amplo com o modelo proposto nesta reflexão. Husserl com seu método de investigação filosófica, facilita o entendimento da fenomenologia, pois tudo o que podemos e buscamos saber se resume exatamente a isso: fenômenos da consciência, os quais devem ser estudados em si mesmos.

Usar palavras para guiar uma reflexão a respeito de nossos pensamentos, sentimentos e visões, ajuda-nos a compreender o quanto poderíamos oferecer uns aos outros a respeito do que pensamos, sentimos e percebemos do mundo.

Na hipnose, usamos as palavras para estimular a imaginação com a intenção de superar as crenças, vontades e o mais importante: provocar decisões imediatas.

Às vezes penso comigo o que será e quais reações poderiam causar, muitas das frases prontas em protocolos de hipnose, porque mesmo sem a entonação, ou o contexto onde foi dita, alguns resultados ainda acontecem. Porém o exercício passa a ser muito complexo, porque ao isolar a frase de um contexto, o sentido original é perdido e tudo o que resta são interpretações individuais.

Acredito que as palavras dependendo da maneira que são usadas, fazem toda a diferença na comunicação, mesmo não sendo sempre necessárias. É por isso que sou apaixonado por Hipnose, porque a linguagem hipnótica pode ser tanto abstrata como específica.

As pessoas não podem deixar de se comunicar. Esse é um pressuposto que permite abstrair sobre as palavras e a hipnose. Às vezes eu fico pensando o quanto poderíamos oferecer uns aos outros a respeito dos nossos pensamentos, sentimentos e visões.

Pois são exatamente esses pensamentos o que o hipnotizador busca influenciar durante o processo de hipnose. Portanto, é essa a chave para identificar o que é dito durante a hipnose.

Façamos uma análise simplista, porém útil de como a hipnose é desenhada em termos da dinâmica do que é dito durante os procedimentos de preparação e execução do hipnólogo.

Quando uma pessoa quer ser hipnotizada e pede explicitamente para que isso aconteça, vários fatores limitantes para à condução ao transe são imediatamente superados. Ainda assim, nesses mesmos casos é importante que o hipnotizador faça uso de uma linguagem que reforce autoridade e confiança com quem será hipnotizado.

Em outros cenários o hipnotizador precisa preparar o ambiente, criar um mecanismo de condução da atenção do participante no processo de hipnose até um ponto de aceitação do hipnotizador e de sua conduta, e isso segue até o momento em que a pessoa deixa relaxar-se e se entrega ao transe hipnótico.

É então dito à pessoa a ser hipnotizada que busque relaxar mentalmente e também que adote postura de relaxamento físico. A partir daí a condução aos estados de aprofundamento da hipnose começam a fazer efeito. Quando algo é dito e demonstrado ou mesmo quando instruímos quais os passos a pessoa precisa seguir.

Portanto, saber o que fazer e como reagir a cada instante é mais importante para o hipnólogo do que saber o que dizer.

Faça um pequeno exercício: leia e encontre a sua própria interpretação para a frase que segue, e perceba como soa aos seus ouvidos:

— *Não há nada mais fácil do que o hipnotizador, hipnotizar uma pessoa, quando ele sabe que isso não é nada fácil.*

São suas reações às palavras que determinam o significado delas.

Já prestou atenção nas falas de algumas autoridades? Já se deu conta da imagem que transmitem? Talvez tenha até notado o volume que dão às palavras? Enfim, são vários elementos e nuances para que tudo isso aconteça.

Saber como usar as palavras e fazer uso de recursos linguísticos e de oratória, facilita a transmissão de suas mensagens, mas também cria um impacto extremante eficiente no receptor.

Me lembro de um dos cursos de auto-hipnose que ministrei, e havia naquela turma uma garota que me disse: *"eu vim aqui hoje, porque acho que o seu curso pode me ajudar a passar no vestibular"*, ela com aquela crença firme e a preparação com a qual havia se proposto a fazer, passou no vestibular. Não posso assumir o crédito pelo resultado dela, mas talvez de alguma forma o treinamento em auto-hipnose tenha auxiliado. Ainda me lembro bem das palavras que usei naquele treinamento; talvez até foram "mágicas" no sentido figurativo da palavra.

O uso de palavras vagas é uma arte que na hipnose explora as possibilidades dada ao hipnotizado em preencher os espaços vazios na comunicação do hipnotizador.

Ainda que somente ser vago não provocará um transe, tão pouco resolverá um problema do hipnotizado, porque haverá sempre uma dependência em como as palavras são usadas. O uso adequado das palavras na hipnose não necessariamente significa a escolha correta delas, mas sim uma associação das sentenças abstratas e aparentemente sem nexo, com frases diretas e específicas. Saber como usar as palavras no contexto da hipnose é necessário para provocar o transe hipnótico, ou ao menos criar as condições para trabalhar durante ou fora do transe.

Portanto, não é tão importante o que se diz durante a hipnose, mas sim como usamos e dizemos as palavras.

Como ser um Hipnólogo melhor?

"Você usa a hipnose não como uma cura, mas como um meio de estabelecer um clima favorável para aprender."

— *Milton H. Erickson*

O hipnólogo não requer uma personalidade dominante. Não requer um olhar ou voz profunda. Nem tão pouco um pêndulo na mão.

O bom hipnólogo não tenta, ele executa. Isso é a chave para ser um melhor hipnólogo. O mais importante é a congruência com relação ao que se diz e faz antes, durante e depois da hipnose.

Sabemos que é importante manter um tom de voz congruente com o que se está falando, e que o que se fala tenha congruência com o tom de voz, assim como com o comportamento e postura corporal frente ao que se está expressando verbal e não-verbalmente.

É importante considerar que os testes de suscetibilidade não são o que farão um hipnólogo ser melhor. Porém a prática constante e a confiança no resultado. Se alguém vai até o hipnólogo com uma ideia fixa de como ela pode entrar em hipnose profunda, a chave é saber reconhecer o que a pessoa traz e fazer uso disso.

Milton Erickson dizia que a hipnose sozinha não faz nada, assim, cada um deve desenvolver a própria técnica, e não usar a técnica de outro. Pedir alguém para olhar um objeto e discutir aprendizado e escrever um alfabeto é a técnica mais simples, disse ele em uma de suas aulas – capturada em vídeo. Dizer para a pessoa relaxar, é algo consciente, e que fique cansada também é algo consciente, e para que a pessoa durma, é também um comando consciente.

Ao sugerir aos seus alunos sobre as dificuldades do aprendizado para escrever as letras do alfabeto, Erickson, fazia com que entrassem naturalmente em transe. Mesmo parecendo que o tom e ritmo da voz de Erickson era o que causava o transe, ele mesmo dizia a seus alunos que estes não deviam tentar imitar a voz ou a cadência dele, e sim descobrir cada um a sua própria técnica.

Muitas pessoas falham ao tentar praticar

hipnose porque tentam imitar alguém, seja aquele instrutor com quem estudou ou mesmo alguma outra referência no mundo da hipnose. Erickson também dizia que se ele estivesse trabalhando com alguém, era essa pessoa quem ele manteria na mente o tempo todo, para assim tratar de entender o comportamento dela.

Quando a hipnose é usada sem objetivos específicos, o hipnólogo apenas tem a sua disposição a possibilidade de provocar o fenômeno do transe. Isso já é um fator limitador das capacidades do hipnólogo por si mesmo, e deve ser evitado ao máximo quando o objetivo é ter resultados e mudanças positivas.

Ao determinar o que é esperado com a hipnose, o hipnólogo também pode verificar e reavaliar o pensamento e ideias do hipnotizado. Isso facilita ao hipnólogo evitar responder e atuar de forma apenas emocional ou pelas próprias convicções frente a uma situação que requer análise mais crítica.

A ideia de que nossas ações e reações são resultado de um processo lógico é equivocada, e isso pode ser observado com o fato de que muitas vezes precisamos comprovação de outros para dar crédito ao nosso processo mental. Melvin Powers em seu livro *Um guia prático para a auto-hipnose*, diz que *"o fato é que as sugestões influenciam nossos pensamentos muito mais que a lógica"*.

Outro fator relevante é saber entender o contexto em que a hipnose será praticada. Ou seja, saber moldar e adaptar a linguagem faz toda diferença, sejam os testes de aceitação das induções, as sugestões e técnicas de condução e aprofundamento do transe hipnótico, e além de todo o arsenal de recursos que o hipnólogo possa considerar válido para sua prática diária.

Portanto, se você falar muito rápido, que assim seja; e se falar suave, que fale assim. Seja você mesmo e descubra como é ser um melhor hipnólogo simplesmente conhecendo suas capacidades e afinando suas habilidades com a prática constante.

Como hipnólogos, não obtemos o que queremos, nós vivemos aquilo em que acreditamos ser.

Perigos da Hipnose

"Não é preciso conhecer o perigo para se ter medo; de fato, os perigos desconhecidos são os que inspiram maior temor."

— *Alexandre Dumas*

Para compartilhar um pouco acerca da visão de perigo quanto ao uso da hipnose, acredito que seja importante inicialmente determinar quais contextos são mais comuns para a prática da hipnose.

Muitas vezes alguns fatores estão diretamente relacionados com o ambiente onde a hipnose é realizada, o contexto no qual as técnicas e métodos são aplicados, a capacidade cognitiva dos envolvidos, a ideia de desempenho de papéis ou mesmo a simulação de transe hipnótico que pode ser demonstrado por alguém hipnotizado, ou ainda na determinação se o objetivo especificado é congruente ou não.

No início, quem aprende hipnose busca praticar a condução ao transe hipnótico de forma contínua e repetitiva até dominar o processo. É comum o hipnotizador escolher o ambiente e o contexto mais adequado para provocar e fazer demonstrações do fenômeno hipnótico, por ser esse um resultado relativamente fácil de ser alcançado.

As demonstrações circenses, de palco e até mesmo de hipnose praticada na rua são comumente derivados dessa vontade ou intenção do hipnotizador em aprender a produzir o transe ou mesmo para aprofundar sua habilidade em hipnotizar pessoas em contextos menos controlados.

Não obstante das intenções positivas de determinados hipnotizadores, estas podem ser, em alguns casos, isolados de manifestações do próprio ego e da mística ideia da manifestação de controle e influência sobre outrem. Ao passar do tempo e da adequação do conhecimento de como produzir o fenômeno do transe hipnótico e também dos procedimentos a serem adotados na promoção de resultados enquanto a pessoa hipnotizada passa por tal estado alterado de consciência, os hipnólogos não apenas ampliam suas capacidades e habilidades em produzir a hipnose, mas também são exigidos a uma decisão pessoal de lidar com aspectos éticos importantíssimos. A chamada aqui é para que o hipnólogo controle seus impulsos em produzir o fenômeno hipnótico a todo momento e a todo custo, pois será julgado eticamente por qualquer tentativa de manipulação em benefício próprio.

Os estágios são diferentes para cada um que pratica hipnose, portanto é realmente complicado analisar friamente esse aspecto dos praticantes da catalepsia hipnótica ou o que é conhecido como "ponte humana" e de outros exemplos parecidos, mas principalmente daqueles que geram alguma alucinação ou experiência negativa no hipnotizado.

O perigo é subjetivo para os que estão no estágio inicial da prática hipnótica, e também para os já experientes em produzir hipnose. Porém, aqui é talvez ainda mais importante ressaltar e deixar claro os impactos que tais demonstrações podem proporcionar aos que por elas são submetidos.

A hipnose não oferece perigo, ao menos isso é o entendimento da literatura e da prática da comunidade de hipnólogos. Entretanto, é importante para a pessoa interessada em submeter-se à hipnose, certificar-se de que o hipnotizador ou condutor do processo de transe hipnótico, tenha experiência e credenciais para assegurar a adequada condução do processo antes, durante e depois da hipnose.

É em meio aos medos que as pessoas manifestam com relação à hipnose a maioria dos mitos. São normalmente questionamentos quanto à possibilidade de o hipnotizador ter qualquer tipo de controle sobre o hipnotizado, o medo de que uma vez em transe não haja possibilidade de sair deste estado por vontade própria, do temor de ser sugestionado a comportar-se de maneira contrária à sua própria índole.

Enfim, são os falsos conceitos sobre a hipnose que criam no inconsciente coletivo ou na cultura popular a ideia de que há perigos imensuráveis quando passamos pela experiência da hipnose. Sendo a verdade completamente contrária à estas teorias propagadas em filmes, revistas e principalmente em alguns programas de televisão.

Na prática da hipnose como em qualquer outra área, a postura ética é imprescindível e os perigos são oriundos via de regra da índole ou má fé dos seus praticantes.

A Hipnose terapêutica

"As atitudes são muito mais importantes que os fatos."

— Dr. Karl Menninger

Nossas capacidades são extraordinárias e vão muito além do que podemos imaginar.

É da nossa capacidade imaginativa que surgem a possibilidade de explorar na hipnose, recursos terapêuticos que auxiliam na condução e na transformação de problemas em soluções.

Quando o objetivo da hipnose estiver em ajudar pessoas a superarem limitações das mais diversas possíveis, principalmente em contexto de tratamentos terapêuticos, são comum receber a denominação "hipnose clínica" ou simplesmente "hipnoterapia".

Na prática terapêutica a hipnose tem se mostrado uma aliada poderosa em atendimentos clínicos, seja no âmbito da psicologia, medicina, fisioterapia, educação física, odontologia, entre outras áreas da saúde. Funciona como coadjuvante em tratamentos para acelerar e facilitar o trabalho psicoterapêutico e promover resultados rápidos e positivos, principalmente no que diz respeito à reprogramação mental.

O hipnólogo clínico ou hipnoterapeuta, como normalmente são chamados os que a praticam, aplicam as técnicas mais adequadas ao cliente. Portanto, não há uma receita de bolo para conduzir o cliente ao estado hipnótico, nem mesmo deveriam ser consideradas receitas prontas ou aqueles roteiros preparados como uma alternativa genérica de facilitar o trabalho do hipnotizador em alguma das queixas que levam as pessoas buscarem a hipnose.

Via de regra acontece uma anamnese como primeira interação antes do procedimento da hipnose terapêutica, logo de um estabelecimento de *rapport* ou simplesmente empatia entre o cliente e o hipnoterapeuta, seguem-se procedimentos de indução hipnótica ou mesmo exercícios práticos de relaxamento; uma vez alcançado um nível inicial de relaxamento é comum, porém não necessário que os hipnólogos clínicos sigam uma sequência de aprofundamento do transe.

O importante é saber reconhecer quando o hipnotizado está ou não em transe hipnótico, seja fazendo uso de testes de suscetibilidade ou o que alguns vulgarmente chamam de pseudo-hipnose.

No contexto terapêutico a comunicação entre o hipnólogo e o cliente é muito importante, e as vezes é necessário até uma explicação detalhada de como funciona a hipnose mesmo antes de iniciar qualquer procedimento. Isso é bastante comum em casos de pessoas extremamente críticas e curiosas sobre o processo.

Em praticamente qualquer lugar do mundo a hipnose é praticada seguindo determinados padrões de induções e um conjunto de técnicas de aprofundamento do transe. Ainda assim, o trabalho durante o estado de hipnose é que realmente faz a diferença no processo terapêutico. Portanto, entender como converter o sono fisiológico em hipnose e vice-versa é algo que pode parecer trivial, porém não necessariamente entendido.

Muitas são as explicações para a utilização direta ou indireta do que o cliente traz, e também são muitos os ajustes no processo de indução para cada cliente. A hipnose requer uma estrutura terapêutica para ser denominada hipnoterapia.

Quando um cliente é resistente à hipnose, mesmo que o mesmo tenha procurado um hipnoterapeuta, estes ajustes são bastante demandantes da experiência e flexibilidade do hipnólogo.

Dentre as várias áreas que a hipnose terapêutica requer conhecimento e experiência, está a necessidade de saber reconhecer e lidar com ab-reações. Este é talvez um dos principais medos inclusive dos hipnólogos menos experientes, que em sua maioria tendem a não terem formação ou preparação clínica ou orientação de linhas da psicologia que facilitariam uma melhor atuação e adequação frente à tais situações.

Dos tratamentos coadjuvantes que a hipnose oferece, estão pelo menos os controles e resoluções de casos de depressão, fobias e outros transtornos. Em casos de ansiedade, pânico, vícios, ou mesmo para casos em que o cliente busque parar de fumar ou emagrecer com a ajuda da hipnose.

A hipnose terapêutica busca facilitar o processo de reprogramação mental com vistas a superar as limitações que estão envoltos os clientes que confiam no processo hipnótico.

A Hipnose nos palcos

> *"Não há nenhuma evidência de sérios riscos aos participantes de hipnose de palco, e que qualquer risco que possa existir é muito menos significativo que os envolvidos em muitas outras atividades."*
> *– Relatório do Parlamento do Reino Unido (1995)*

A preocupação em estabelecer clareza quanto aos riscos no uso da hipnose de palco já existe há tempos. E segundo o parecer apresentado pelo parlamento da Inglaterra, não haveria "tanto" problema assim no uso da hipnose de palco.

Porém, não estou aqui defendendo a hipnose como elemento de diversão ou seu uso no palco. Mas sim porque acredito que hipnose é um conhecimento universal e assim sendo a hipnose de palco diferente completamente da hipnose praticada com objetivos de terapia; no palco é pura demonstração do fenômeno do transe.

Portanto, expor o indivíduo ao ridículo não é para nada aconselhável menos ainda recomendável. É preciso manter o respeito e a ética, ainda mesmo num show.

Em matéria de hipnose de palco eu tenho um misto de opinião formada baseado no que conheço do trabalho de Ormond McGill, Dave Elman, Karl Weissmann e Fábio Puentes (os dois últimos com atuações principalmente no Brasil), sem fugir do que entende Ernest R. Hilgard quando diz que "em geral a hipnose não é perigosa".

O perigo está em como a hipnose é usada e aplicada, logo, o fator que deve ser entendido como foco principal na questão da hipnose de palco é o hipnotista. Isso porque na intenção de ser eficaz, e produzir o estado de hipnose a todo custo, este provoca estados alterados muito rápida e instantaneamente para atender à exigência de show que o palco denota.

Demonstrar a fenomenologia da hipnose é tarefa que não exige o ato teatral, ainda assim que os estados de consciência alterados provocados pelo estado de transe hipnótico são processos que ocorrem muitas vezes até de forma natural. É importante dizer que na hipnose de palco o foco não é "tratar", "amenizar" ou "controlar" os sintomas de uma determinada causa ou problema, e sim divertir e gerar impacto principalmente para os que assistem.

A diferença da hipnoterapia onde o foco está na pessoa hipnotizada, e a busca é em encontrar soluções normalmente rápidas para determinados problemas ou queixas. Não há a necessidade de nenhum uso de técnicas de show ou que estejam associados ao que se usa em palco, ainda que os mecanismos da terapia possam ser divertidos para o hipnotizado.

Em terapia ou em processos onde a hipnose é aliada à saúde, o pressuposto passa a acontecer num tom totalmente diferente, assim como: não se trate com alguém que use a hipnose, se este não estiver qualificado para te tratar sem o uso da mesma.

A meu ver, as técnicas como por exemplo "de induções" usadas em palco são como uma caixa de ferramentas que podem ser usadas em qualquer situação, palco, terapia, aconselhamento, bate papo com os amigos, na escola, para comprar ou vender, etc.

Em um programa de TV nos Estados Unidos, um hipnotizador fez uso de 20 minutos em horário nobre, ou seja, quando os índices de audiências estão altíssimos. Por aproximadamente 7 minutos houve uma demonstração e condução de relaxamento progressivo ao vivo, enquanto os telespectadores já começavam a perder a paciência e o interesse por não verem a demonstração do tradicional 'transe' hipnótico como esperavam. O hipnotizador não conseguiu colocar as pessoas em transe, e consequentemente perdeu uma oportunidade de ouro, não só de demonstrar os resultados que a hipnose pode propiciar, mas o de esclarecer o que a hipnose é realmente.

Existe uma diferença no uso e condução da hipnose quando aplicada em palco, onde o tempo não é limitante, de quando a hipnose é praticada em programas de TV, onde o tempo realmente requer que as induções sejam imediatas, e as vezes nem mesmo as explicações do que acontecem - muitas vezes ao vivo - são possíveis de serem entregues pelo hipnotizador.

Imagine-se tendo que demonstrar em poucos minutos uma indução à hipnose, e provocar alguma resposta na pessoa hipnotizada; e ao mesmo tempo identificar quais os resultados e objetivos para cada pessoa hipnotizada que realmente conseguirá ser alcançado. Então, poderá considerar-se pronto para usar hipnose em praticamente qualquer contexto, incluindo o que normalmente é chamado de "hipnose de palco", inclusive para demonstrar os recursos terapêuticos da hipnose.

No palco, segundo Ormond McGill, o hipnotista profissional precisa ter uma rotina padrão pré-estabelecida e também deverá estar preparado para modificar e alterar essa rotina de acordo com a situação. Em sua proposta ele realça a importância e o poder da sugestão em influenciar a pessoa a ser hipnotizada. Outro aspecto que advoga em seu livro *A nova enciclopédia do hipnotismo de palco*, é quanto ao uso e domínio necessário dos diversos tipos de testes de suscetibilidade hipnótica, e também dos vários métodos de hipnotização.

No mundo inteiro, muitos hipnotizadores fazem uso de relaxamento progressivo e induções de choque ou rápidas, para provocar o transe hipnótico nas pessoas. Das induções rápidas uma das mais conhecidas é a indução de Dave Elman, que consiste basicamente de um processo sistematizado para superar o fator crítico, provocar uma catalepsia de um grupo muscular, aprofundar o transe através de fracionamento, e a aplicação da sugestão como elemento de convencimento.

A hipnose quando dissociada da técnica ou método, permite melhor compreensão. Assim, em terapia ou palco a hipnose é o elemento central, porém os mecanismos para alcançar essa hipnose podem variar dependendo do contexto e do objetivo. A saber o exemplo proposto pelo próprio Milton H. Erickson quando disse "desenvolva sua própria técnica, seja você mesmo, natural".

Segundo apresentado por Coe e Ryken (1979), concluímos que a hipnose não deve ser considerada uma interação causal, mas uma comunicação íntima que deve ser usada com respeito.

A Hipnose nas ruas

*"A excelência suprema consiste em quebrar a
resistência do inimigo sem lutar."*

– *Sun Tzu*

A Hipnose é somente hipnose, mesmo aquela
praticada na rua. Se considerada pelo prisma
histórico, talvez até poderíamos considerar escolas
e linhas teóricas da hipnose, tais como Hipnose
Clássica, Moderna, Contemporânea com
metodologia conversacional, entre outras.

Entretanto, quando a hipnose é aplicada em
algum contexto, logo, surgem essas definições e
classificações tais como a Hipnose de Palco (por
ser praticada em show, palco ou teatro), Hipnose
Clínica ou Hipnoterapia (porque denota o uso da
hipnose em consultórios médicos, psicológicos,
dentistas, fisioterapeutas, ou de terapeutas

habilitados na hipnose), a Hipnose Esportiva (onde hipnotistas aplicam a hipnose no âmbito do desempenho de atletas), a Hipnose Experimental (normalmente denominada assim para os estudos científicos sobre a hipnose), assim tantas outras denominações para quando e onde a Hipnose for usada, tal como a Hipnose de Rua (praticada na rua), Hipnose de Circo (antigamente comum quando praticada nos Circos), entre outras classificações.

Agora, a Hipnose de Rua não deixaria de ser mesmo o uso da hipnose na rua, onde o objetivo, eu entendo como sendo (ao menos penso que deveria ser) somente com o objetivo da demonstração do fenômeno do transe hipnótico. Nesse contexto da Hipnose na Rua, o que se assemelharia aos números de mágica e ilusionismo feitos também na rua, que é a prática da técnica com os transeuntes. O hipnotizador na rua incorre em alguns aspectos éticos que vão além dos que normalmente são enfrentados pela Hipnose no Palco, isso porque quem vai num show, teatro ou convenção onde a hipnose é o foco, normalmente já vai predisposto a participar do ritual envolvido nesses eventos, e em alguns casos até concordam formalmente com a isenção de responsabilidade do hipnotizador através dos termos e condições envolvidos na apresentação.

Na rua, o hipnotizador deve invariavelmente abordar as pessoas que por ali passam e propor a prática da hipnose, e esse procedimento às vezes invasivo ou não, é uma oportunidade para o próprio hipnotizador demonstrar e praticar suas capacidades e habilidades em causar o transe hipnótico, e não necessariamente para criar um resultado específico no indivíduo que vá além da demonstração do fenômeno em si. Qualquer proposta que vá além da pura provocação do fenômeno da hipnose, poderia quem sabe até incorrer na responsabilidade do hipnotizador por quaisquer danos morais (ou outros) do hipnotizado, isso dito aos casos onde não há anuência da pessoa abordada para que seja hipnotizada; sem falar ainda na eventual possibilidade da pessoa ser gravada, sem autorização, e ter o vídeo publicado na internet.

Um movimento relativamente novo da "Hipnose na Rua" traz uma proposta diferente para o contexto da hipnose, coisa que já acontece em vários países do mundo, onde sofre rejeição por uma grande parcela da comunidade. É preciso entender para onde tudo isso está caminhando, pois parece apenas trazer benefícios aos próprios hipnotizadores, e não necessariamente ao hipnotizado. Vários sãos os argumentos dos praticantes da hipnose na rua, porém minha posição é a de que hipnose é uma comunicação íntima que deve ser usada com respeito. Assim, um ponto importante a ressaltar é que na rua não se pratica outra coisa que não seja apenas pura demonstração do fenômeno da hipnose. Também, de extrema relevância, é o fato de que expor qualquer indivíduo publicamente, fazendo uso da hipnose, pode ter impactos diretos em aspectos éticos e morais.

Nos Estados Unidos, é comum ver esse tipo de demonstração de Hipnose (*Street Hypnosis*) nas ruas de Las Vegas. As pessoas pagam ingressos para assistirem a shows de hipnose de palco, e também é possível encontrar com hipnotizadores fazendo suas demonstrações nas ruas. A liberdade da prática, a regulamentação de cada estado, o conceito de responsabilidade é parte da cultura americana, e é comum que hipnotizadores tenham contratado seguros de responsabilidade que são específicos para assegurar suas apresentações. Também o fazem os que usam a hipnose na prática clínica ou terapêutica. Isso acontece porque qualquer pessoa hipnotizada poderia entender que foi afetada como produto de alguma demonstração do hipnotizador, e que este provocou algum dano a ela.

Quando falo dos aspectos éticos e morais, é pensando no impacto da prática da hipnose na rua, que a responsabilidade da prática e falta de controle em ambiente público, é algo que pode afetar a qualquer um a qualquer momento. Logo, é de se esperar que o hipnotizador deveria ser responsabilizado e penalizado caso algo de danoso aconteça ao outro. Onde não há o "jeitinho", as pessoas não fazem certas coisas por conta da sua própria consciência, e não porque uma lei determina fazer ou não alguma coisa.

Depois de observar a realidade da hipnose em vários países, tenho a percepção de que no Brasil ainda há muito mais o interesse na prática da hipnose do que no entendimento e estudo dos processos envolvidos em todo o processo hipnótico. Isso é observado pelo interesse massivo no aprendizado das técnicas de indução ao transe, o que de alguma maneira é o limite estabelecido no cenário de algumas linhas atuais da Hipnose no Brasil.

Todo o trabalho clínico, experimental e de estudos realizados por profissionais sérios, ainda são limitados e pouco explorados, apesar de já termos produzido resultados de extrema qualidade acadêmica. A falta de união entre os formadores e os praticantes pode limitar o objetivo de facilitar que a população em geral tenha um melhor entendimento da hipnose, também, que a mesma possa ser praticada independentemente de onde seja aplicada, porém que tenha o entendimento correto, científico, e ético que requer.

A hipnose não é um procedimento perigoso quando praticado por pesquisadores e profissionais qualificados (Lynn, Martin, & Frauman, 1996);

Portanto, o perigo está em como a hipnose é usada e aplicada, logo, o fator que deve ser entendido como foco principal na questão da hipnose é o hipnotista.

Auto-Hipnose explicada

"Quem olha para fora, sonha;
quem olha para dentro, desperta."

— *Carl Jung*

Nós praticamos auto-hipnose quase diariamente, mas não sabemos disso.

Auto-Hipnose é um estado de consciência alterado e de relaxamento adequado, onde o sujeito mantém uma comunicação direta com seu inconsciente e se torna capaz de ministrar a si mesmo instruções e sugestões para obter um controle sobre o corpo e a mente. Em outras palavras, auto-hipnose é entrar em transe hipnótico independente da ação de outra pessoa.

Quando falamos em transe hipnótico ou

estado de transe, referimos a um processo psicofisiológico natural. Esse é um estado onde nossas angústias, preocupações e inúmeros outros sentimentos estressantes desaparecem. Torna-se fácil com isso alcançar nossas metas, desenvolver a autoestima, autocontrole e confiança.

Auto-Hipnose é um modo de se atingir de forma rápida e consistente, um estado mental desejado. É um processo de alteração da própria consciência, abrindo a porta das capacidades individuais e facilitando um profundo contato com seu inconsciente.

O importante a ser considerado é que a primeira vez a auto-hipnose pode ocorrer até espontaneamente, sem intervenção nenhuma de quem quer que seja. Às vezes a própria pessoa só se dá conta posteriormente de ter estado em transe.

Quando se atinge o estado de auto-hipnose, o corpo e a mente se beneficiam logo, porque o cérebro passa a produzir uma substância responsável pelo bem-estar chamada serotonina. Durante este estado nossas faculdades críticas estão amortecidas e nos tornamos mais receptíveis às sugestões. É por isso que muitas vezes a hipnose é confundida com apenas sugestão.

Na verdade, o uso de sugestões durante o processo de autoindução ou da indução de outra pessoa ao estado hipnótico, apenas facilita a produção do relaxamento, e quando aliada a outras técnicas cria essa atmosfera de pseudo poder para a hipnose. Muitas vezes, esse poder é confundido e gera alguns falsos conceitos e dúvidas com relação a hipnose e seu uso.

O uso da auto-hipnose tem sido positivo em diversos contextos e com objetivos tão amplos quanto relaxamento, regeneração de problemas de ordem somática, realinhamento de crenças e valores, controle da dor, para vencer barreiras emocionais e psicológicas, até a superação de limitações físicas, controle do estresse, desenvolvimento da concentração, melhoria nos estudos e aprendizagem, entre outras.

A eficácia da auto-hipnose tem permitido pessoas controlarem alguns comportamentos e problemas indesejados tais como: tabagismo, alcoolismo, obesidade, dores, asma, gagueira, hábitos indesejáveis e melhoria acentuada nos estudos.

Não há mistério em como aprender, praticar e fazer uso constante da hipnose. A explicação para isso é relativamente simples, e passa pelo fato de que auto-hipnose sendo um estado natural ou mesmo uma reação à uma sequência de autoindução à um relaxamento adequado, a aceitação de ideias e objetivos que são basicamente manifestados através de pensamentos; permite que tenhamos total controle do processo de aprendizado e prática dessas técnicas ou métodos que chamamos de auto-hipnose.

Durante o exercício do transe auto-hipnótico, encontramos que nossa mente está focada e nosso comporto relaxado, nossa consciência está direcionada a alcançar os objetivos que determinamos através das sugestões, e nosso cérebro sob este estado facilita a produção de neurotransmissores que propiciam as melhoras naturais da hipnose.

Existem várias técnicas para a prática da auto-hipnose, sendo algumas muito simples e outras adaptadas aos gostos de seus praticantes. O nível de sofisticação depende mesmo da pessoa, ainda que o processo possa ser alcançado simplesmente seguindo simples instruções.

Prefira e escolha um ambiente confortável e seguro para praticar, defina um objetivo a si mesmo e execute a técnica que mais te agradar, seja baseada em relaxamento progressivo, ou mesmo alguma técnica de imaginação ou sugestões verbais, auditivas e visuais.

Após dizer a si mesmo o objetivo para colocar-se em transe, pode por exemplo, usar a técnica a seguir acompanhada de suas adaptações como autosugestões. Lembre-se que para abandonar o estado, basta apenas abrir os olhos.

Esta é uma técnica, sugerida por *Melvin Powers* e *Jack Heuse*, que utiliza um processo de marcação, o qual expressa, seja de forma consciente ou inconscientemente, que ao se ouvir o número 10 (dez), o transe estará atingido. Portanto, faça as adaptações necessárias ao texto abaixo e encontre suas próprias palavras:

"Quando eu contar até dez... minhas pálpebras se tornarão muito pesadas... úmidas... e cansadas... até mesmo antes de chegar a dez... poderei ser obrigado a fechar os olhos... No instante em que eu fechar os olhos... entrarei em estado profundo de transe... ouvirei minha voz interior e aceitarei todas as minhas autosugestões... 1 (um)... minhas pálpebras estão ficando muito pesadas... 2 (dois)... minhas pálpebras estão ficando úmidas... 3 (três)... minhas pálpebras estão ficando muito cansadas... pesadas... 4 (quatro)... mal posso manter os olhos abertos... 5 (cinco)... estou começando a fechar os olhos... 6 (seis)... minhas pálpebras estão se fechando cada vez mais... 7 (sete)... estou completamente relaxado(a) e à vontade... 8 (oito)... quase não posso mais ficar com as pálpebras abertas... 9 (nove)... meus olhos estão fechados... estou em transe... profundo... 10 (dez)... agora posso dar a mim mesmo qualquer sugestão pós-

hipnótica conveniente..."

Ao final dessa técnica, o que deverá ter acontecido é um relaxamento adequado para o aprofundamento do transe. Usando do mesmo princípio, faça autosugestões positivas para alcançar o objetivo específico que foi definido anteriormente ao exercício da auto-hipnose.

Para sair do estado de auto-hipnose, é bastante recomendável utilizar sugestões que reforce *"ao abrir os olhos estarei completamente desperto, atento e revigorado... completamente alerta e energizado..."* e pode da mesma forma usar a contagem progressiva ou regressiva para sair do estado de transe.

Outra técnica bastante simples, é a técnica de Scott, a qual pode ser praticada através de passos que foram estruturados considerando uma sequência lógica de início, meio e fim.

No início busque uma posição confortável, local tranquilo e seguro e coloque sua cabeça levemente para trás. À medida que você inspira, abra seus olhos, e durante a expiração verbalize lentamente o número 1, enquanto fecha os olhos. Siga assim, inspirando e abrindo os olhos, expirando e fechando os olhos, enquanto conta até um número pré-determinado; talvez até 10 ou 20.

Depois da contagem, permita que sua cabeça repouse lentamente para frente, com os olhos fechados. Por alguns instantes pense em algum recurso ou sensação útil para você. A seguir, comece contando na expiração de 20 até 0 (ou de 50 até 0). À medida que você faz a contagem regressiva, amplifique o recurso ou sensação escolhida.

Por fim, ao chegar a zero, faça uma ponte para o futuro; ou seja, visualize-se no futuro com o recurso, sensação, comportamento ou sentimento desejado como sendo experimentado. Veja como você com aquela sensação ou recurso no futuro, no contexto mais adequado possível. Depois de feito isso, comece a voltar, inspirando profundamente, contando de 1 a 5 durante a inspiração. Durante a contagem, faça sugestões de estados desejados ao final desta experiência, como por exemplo sentir-se refrescado, rejuvenescido, alerta e reenergizado.

Pronto, a auto-hipnose é assim de simples. Não há segredo diferente do que a prática constante e consistente até encontrar a maneira que alcançar o transe hipnótico por si mesmo.

Algumas vezes pode ser conveniente abandonar a expectativa de testar a si mesmo a fim de confirmar se atingiu ou não um estado de auto-hipnose. Essa expectativa do resultado pode ser negativa para algumas pessoas, enquanto para outros é fator importante.

Assim, finalizo este capítulo compartilhando alguns dos sinais típicos apresentados durante o transe hipnótico; os quais poderão servir como baliza para observar os seus próprios resultados. Dentre vários sinais, normalmente aqueles mais comuns são:

- Alteração da temperatura da mão;

- Avermelhamento dos olhos durante e após o transe;

- Olhos voltados para cima;

- Aumento do lacrimejamento;

- Olhar fixado em um ponto ou longínquo;

- Tremor das pálpebras;

- Relaxamento dos músculos;

- Sensação de peso e calor sobre o corpo;

- Incapacidade de abrir os olhos no transe;

- Lentidão dos músculos e da voz.

Hipnose Educacional

"O homem nasceu para aprender, aprender tanto quanto a vida lhe permita."

— *Guimarães Rosa*

O uso da hipnose no contexto do ensino e da aprendizagem é uma das oportunidades ainda não amplamente exploradas. A hipnose educacional é utilizada no processo de aprendizagem e ensino, ou seja, estratégias e métodos para facilitar o aprendizado.

Talvez um dos fatores pela falta de interesse, além do desconhecimento, é a falsa ideia de que para usar hipnose seria requerido um transe.

Aprender é um processo, ensinar da mesma forma é um processo. Usando a hipnose usamos tanto técnicas, estratégias e também processos. Outra coisa importante a ressaltar é que nem sempre precisamos alcançar um transe hipnótico ao usarmos a hipnose.

Hipnose educacional trabalha no contexto do ensino e aprendizagem, mas não é um tipo diferenciado de hipnose. É sim uma hipnose tal qual como qualquer outra. Como eu tenho sempre defendido, hipnose não tem sobrenomes. Ou seja, quando falamos sobre hipnose neste contexto, a ideia é mesmo de como utilizar os recursos da hipnose para potencializar as capacidades de ensino ou mesmo para diminuir as dificuldades de aprendizagem.

Usando a hipnose é possível facilitar que o indivíduo alcance os objetivos de aprendizagem, tais como passar numa prova e concurso, quando há um fator que afeta seus resultados, como o 'branco' na hora da prova ou mesmo a manifestação de altos índices de ansiedade. Existem vários fatores que são precisos levarmos em consideração, não podemos ignorá-los, porém a pergunta principal é quanto a saber o que se pode ser feito para que esse indivíduo sobreponha essa condição de branco na hora da prova.

Quando há manifestação de esquecimento temporário na hora de provas e exames, as chances são que o que pode estar originando tal reação é algum fator de ansiedade. A hipnose ajuda a trabalhar essa situação, assim também como para potencializar as capacidades de concentração e facilitar a recuperação de memórias por permitir um relaxamento adequado.

A hipnose não faz o indivíduo aprender mais ou menos, mas sim, permite criar condições para que o aprendizado seja de melhor qualidade. No contexto do ensino, quando os professores fazem uso de determinadas técnicas de hipnose, como linguagem hipnótica ou outros padrões como os da programação neurolinguística, irão fatalmente provocar um resultado direto nas possibilidades de absorção e assimilação da informação por parte dos alunos.

Ou seja, quando o professor faz uso de linguagem hipnótica, cria as condições para adequar a comunicação para cada um dos seus alunos. Os alunos são beneficiados pela hipnose de diversas maneiras, sendo talvez uma das mais profundas, é colocar-se em um nível de relaxamento propício para o estudo, e explorar a possibilidade de mudar atitudes e crenças que possam estar limitando o aprendizado.

O professor e o aluno devem ser educados no processo da hipnose, e em como fazer uso das estratégias e métodos que facilitem o resgate de informações, trabalhar e resolver situações complexas, e tantas outras coisas positivas que compõem tanto as técnicas de hipnose quanto de programação neurolinguística, sugestopedia, além do uso e do aprendizado de auto-hipnose por parte dos alunos; para que estes possam fazer uso do conhecimento da hipnose sem a necessidade do auxílio de outra pessoa.

A ideia central da hipnose como instrumento potencializador do aprendizado, passa pelo entendimento das técnicas e procedimentos de reprogramação mental, e também do processo de aprendizagem. Ainda que não obrigatórios, o uso de sugestões diretas ou indiretas, e entrar ou não em transe hipnótico, são temas discutidos e trabalhados durante a hipnose educacional.

Existem várias estratégias relacionadas ao que chamamos de aprendizagem acelerada, e estas podem ser aliadas à hipnose para facilitar e ampliar os resultados tanto dos alunos quando dos professores.

Dentro da fenomenologia da hipnose é possível reavivar a memória, provocar hipermnésia ou permitir resgatar informações e memórias que estão a muito tempo esquecidas. Um dos aspectos importantes e que devemos levar em consideração, são as pseudomemórias ou falsas memórias; criações ou recordações criadas pelo indivíduo e que não existiram de verdade. Existe um conjunto de reações que podem acontecer com o uso da hipnose e algumas das manifestações são alucinações de algum ou todos os sentidos, e por isso, é importante saber como reagir e controlar tais situações.

Através da hipnose é possível também criar um contexto de aprendizado, mesmo não tendo existido realmente, onde o indivíduo pode fazer uso dessa condição e com isso poder facilitar algum tipo de aquisição de uma nova habilidade de conhecimento.

A hipnose educacional está relacionada ao nosso estado mental. Para isso, neste contexto, precisamos trabalhar estados mentais adequados que estão alinhados com o objetivo de aprendizagem. Para facilitar isso, identificamos primeiro os canais preferenciais com que o indivíduo prefere usar para aprender, cada um de nós aprendemos de uma maneira diferentes, seja através de recursos visuais, auditivos ou de sensação.

Existem várias maneiras de alcançar um relaxamento, e através da hipnose, isso acontece na maioria das vezes ao seguir um protocolo de mudança de estado de atenção ou imaginação. Estar relaxado é extremamente importante para facilitar o aprendizado, e isso é alcançado com a alteração das frequências das ondas cerebrais. É recomendado estudar quando estamos sob o estado *alpha*, um estado de relaxamento, visualização e criatividade. Outras frequências das ondas cerebrais são *beta*, quando estamos em alerta e concentrados; *theta*, um estado de meditação e intuição; *delta*, frequência que permite a reparação, sono e consciência individual; por último, a *ghama*, quando alcançamos clareza, percepção e pré-cognição.

Nossos aprendizados são armazenados em nossas memórias de maneira não estruturada, assim, um dos aspectos importantes em todo esse processo do uso da hipnose é a de explorar a capacidade de resgate das memórias e de acesso à mente inconsciente. Priorizar, reordenar ou reorganizar as memórias facilitarão a associação com o contexto do uso dessas memórias.

Apesar de todos os benefícios que a hipnose educacional pode proporcionar, é extremamente importante fazer uso daquilo que aprendemos, senão a informação ao não ser colocada em prática, simplesmente se transforma em lixo cognitivo; não trará benefício.

Hipnose e Aprendizagem

*"Quando eu era jovem, eu poderia me lembrar de qualquer
coisa, se tivesse acontecido ou não."*

— *Mark Twain*

Enquanto alguns de nossos conhecimentos sobre
o mundo nos acompanham desde que somos
bebês, a maioria vem da experiência.

Somos capazes de absorver e acumular uma
quantidade importante de novos conhecimentos,
seja por tentativa e erro ou previsão – uma
característica de todas as áreas do cérebro
(Gazzaniga et al, 2009).

A ideia de fazer uso da hipnose como
mecanismo facilitador do processo de
aprendizagem permite deixar a pessoa em estado

de relaxamento necessário, para assim ampliar a capacidade de absorção de conhecimento. Mesmo assim, é importante entender que são muitas as teorias de como as pessoas aprendem, e saber como os alunos aprendem e como os professores ensinam, faz toda a diferença no processo de ensino e aprendizagem. Lee Dunn (OCSLD, 2002) diz que "é interessante pensar sobre sua própria maneira de aprender e reconhecer que todo mundo não aprende da mesma maneira que você".

Aprender mais rápido, ou de forma mais fácil daquela que normalmente se usa, pode ser um dos caminhos onde a auto-hipnose pode ser usada com ótimos resultados. Pode-se usar auto-hipnose para potencializar estados de excelência, assim como, acessar estados de consciência alterada com algum fim positivo. A auto-hipnose pode ser um mecanismo bastante útil no desenvolvimento da aprendizagem. Servindo assim como ferramenta para minimizar o estresse e aumentar a capacidade de retenção de conhecimento. Acima de tudo, a auto-hipnose pode ser uma ótima oportunidade de contato com si mesmo.

Durante o processo de aprendizagem esteja alerta e no agora, para sempre. Se a pessoa mantém uma postura de estar aberto à aprendizagem máxima, levando essa premissa de maneira focada, as chances de absorção e retenção de conhecimento podem ser aumentadas. O cérebro aprende por repetição e quanto mais se repete o que aprendeu, mais e mais se é possível lembrar.

Quando nós nos pegamos fazendo a coisa certa, isto aumenta nossa confiança e nossa competência. Nos últimos 25 anos nunca se fez tantos estudos relacionados ao cérebro quanto em toda a história da humanidade (Mckee, Lex; 2004) e isso tem mudado a forma convencional de ensinar, e tudo aquilo que acreditávamos ser verdade. Portanto, aprender rápido atualmente é melhor entendido como um processo onde as pessoas aprendem naturalmente usando recursos que potencializam as chances de absorção de conhecimento.

Por absorção de conhecimento podemos entender como sendo a capacidade de assimilação de novas habilidades, informações e ideias, dentro de uma estrutura lógica de aprendizagem e memorização.

Na análise do que é memória curta e memória longa, podemos entender que o cérebro trabalha sem distinção do que é para ser lembrado agora ou daqui a pouco. O que quero dizer com isso é que sem essa distinção, facilitamos o uso de ferramentas tais como mapas mentais (*mind-maps*) e metáforas que podem contribuir de forma bastante positiva no aumento da capacidade de aprendizado de um indivíduo.

Os mapas mentais são bastante úteis no processo de aprendizagem. Com eles podemos criar imagens representativas daquilo que é estudado, bastando para isso usarmos de desenhos e conexões simbólicos. A maneira mais simples de criar um mapa mental é usando uma folha de papel em branco, escrever no centro o tema principal ou assunto que é estudado, e depois fazer associações com elementos chaves que permite recordar os tópicos estudados. Em português é possível encontrar muitos exemplos e conteúdo falando sobre esse assunto.

A nossa representação interna, nossos estados fisiológicos e comportamentos são reflexos daquilo que percebemos do mundo. Essa percepção se dá através de filtros que aplicamos à realidade, e de acordo com os nossos valores, crenças, decisões e memórias adquiridas. Tudo isso é nossa própria representação daquilo que captamos através de nossos sentidos de percepção interna e da realidade externa. Logo, nosso pensamento gera os sentimentos que conduzem nossa vida através dos nossos comportamentos.

O aprendizado se dá de maneira bastante sútil, e é um processo do dia-a-dia e muitas vezes é involuntário. O que é proposto com a auto-hipnose é ampliar essas possibilidades e manter autocontrole do que e como aprender. Deixar-se permitir aprender mais rápido, focando nossos pensamentos e sentimentos a fim de obter os comportamentos desejados, obter as estimulações sensoriais especificas que potencializem o conhecimento desejado.

A repetição é a grande responsável pelo aprendizado, e isso se dá com nossos neurônios sendo ativados, com as reações químicas acontecendo livremente, e com essas conexões permitindo a fixação de uma memória longa e duradoura.

Muitas vezes confundimos os efeitos da repetição em uma única associação de estímulo e resposta, com os efeitos da prática sobre o desenvolvimento de uma habilidade, que é algo bem diferente.

As teorias psicológicas contribuem para uma interpretação livre sobre o processo de aprendizagem através da visão e pensamentos de algumas dessas teorias:

Behaviorista

- Aristóteles disse que a repetição frequente produz uma tendência natural.

- Pavlov, propôs a associação e condicionamento através da repetição.

Cognitivista

- A ideia de que repetições frequentes são necessárias para prevenir o esquecimento. Logo, o aumento da repetição durante o estudo produz uma redução da necessidade de reaprender no futuro.

- Também a ideia da repetição através da revisão mental e comparações.

Construtivista

- Piaget com a proposta de que os primeiros hábitos são formados através de padrões de exercícios.

- A adaptação vem através do repetido uso e da acomodação, por uma tendência natural ou fundamental para a repetição de um comportamento.

Humanista

- Crenças de autoestima e auto eficácia são construídas através de repetidas experiências de sucesso.

Social

- As crianças aprendem através de
  planeamentos mentais de experiências
  repetidas, e a internalização ocorre através
  de um encontro repetido com essas
  experiências.

Na maioria dos aprendizados cotidianos, as pessoas costumam atingir uma aproximação do novo comportamento por meio de modelagem, e refiná-lo por meio de ajustes internos.

Esse modelo quando observado pelo prisma do que propõe a Programação Neurolinguística (PNL), nos permite refletir sobre a modelagem como elemento e fator crítico no processo de aprendizado. A PNL tem um pressuposto que sugere que se alguém pode fazer algo, qualquer outra pessoa também poderá fazê-lo. Essa ideia sugere que as pessoas já dispõem dos recursos que necessitam, e isso inclui o que for necessário para aprender.

Henry Ford disse *"se você acha que pode fazer uma coisa ou pensa que não pode fazer nada, você está certo."*. Essa frase está completamente alinhada com o que estuda e propõe "o estudo da experiência subjetiva"; ou seja, como o cérebro e a mente funcionam, ou ainda de maneira mais simples, de como nós pensamos, como nos comunicamos e como podemos utilizar esse conhecimento em nossa vida pessoal e profissional.

Desde quando tive contato com a Hipnose e PNL pela primeira vez, venho estudando e aperfeiçoando meus conhecimentos em suas várias teorias e técnicas. Durante vários anos tenho não somente aprendido e utilizado esses conhecimentos, mas também tenho compartilhado e ensinado como usar essa poderosa ferramenta.

Uma das linhas de aplicação que mais me chamou a atenção foi justamente quanto fazer uso dos recursos oferecidos pela programação neurolinguística e também da hipnose no contexto do ensino e aprendizagem.

Se consideramos alguns dos pressupostos básicos da PNL, tais como:

- *"Se uma pessoa pode fazer algo, todos podem aprender a fazê-lo também."*

- *"As pessoas já possuem todos os recursos de que necessitam."*

Podemos entender que há um modelo de comunicação que facilita o entendimento e a assimilação desses mesmos pressupostos, e também podemos complementar essas ideias descrevendo algo como:

- Se para uma pessoa poder aprender alguma coisa, esta deve seguir ou experimentar algum modelo ou estrutura, podemos considerar que as experiências, os pensamentos e as recordações possuem um padrão.

- Quando mudamos este padrão ou estrutura, a experiência associada muda automaticamente.

Também, podemos aplicar estes pressupostos mencionados e classificar nossas experiências como estados que ocorrem num determinado contexto. Isso é fruto da análise individual que damos as coisas tão logo aplicamos alguns filtros de percepção da realidade. São estes os filtros de omissão, generalização e distorção; e que também são chamados de estrutura de superfície ou a forma visível daquilo que é efetivamente observado.

Portanto, nós definimos nossos estados internos baseado em valores, crenças, decisões e memórias, e com isso temos o que chamamos representação interna da experiência.

O processo de aprendizagem é dependente do contexto de onde ocorre a aquisição do conhecimento. Essa dependência está relacionada às nossas habilidades, e são o fator principal para interpretar dados, transformá-los em informação, e gerar o conhecimento através da experiência. Assim, podemos aprender como é o mapa mental de um grande realizador e fazê-lo nosso, e esse é um processo de reuso natural e que no modelo de aprendizagem e ensino tradicional ocorre de maneira implícita.

Entender como organizamos os nossos pensamentos, tomamos decisões e porque essas dependências afetam diretamente a maneira como compartilhamos e reusamos informações, poderia facilitar o processo da aquisição do conhecimento ao associar a criação de contextos imaginários através da hipnose.

Muita gente pensa que certas coisas são impossíveis, sem nunca terem ao menos se disposto a fazê-las. Faça de conta que tudo é possível. Se existir um limite físico ou ambiental, o mundo da experiência vai lhe mostrar isso.

Através da hipnose, podemos modelar e associar novos comportamentos e experiências passadas de sucesso, permitindo assim a repetição e aceleração da absorção do conhecimento.

**A REPETIÇÃO
É A GRANDE
RESPONSÁVEL
PELO APRENDIZADO.**

Regressão pela Hipnose

"Um povo sem o conhecimento de sua história passada, origem e cultura é como uma árvore sem raízes."

— *Marcus Garvey*

Muitas vezes no contexto da hipnose, lembranças são confundidas com regressão de memória.

Recordar, reavivar a memória, pode ser conseguido apenas recuperando uma lembrança, uma cena guardada na memória. Enquanto que para regredir seria alcançar registros não disponíveis de forma consciente e imediata. Portanto, que não estão fáceis de serem acessadas apenas com uma busca ou varredura mental ou emocional.

É nesta constante busca pelo desconhecido e na esperança de encontrar solução para os problemas que enfrentamos, que a ideia da regressão surge em meio à dúvida da origem da situação conflitante ou aflitiva. Pensamos que os problemas são manifestações isoladas, enquanto na verdade são apenas reações às causas desconhecidas conscientemente. Cito Hans Tendam quando diz que "essas reações podem se tornar programas compulsivos: falsificações, distorções e generalizações injustificadas".

O objetivo principal da regressão é ir em busca das causas e através da hipnose é possível resgatar lembranças e memórias que estão a muito tempo esquecidas. Também as situações e contextos que ficaram registrados na memória ainda enquanto da vida intrauterina. Há possibilidades de explorar, respeitando aspectos de crenças, a regressão até os registros acásicos ou de vidas passadas.

Uma outra maneira não menos interessante é a auto-regressão de memória, a qual pode ser conseguida com um processo de autoanálise e condução até os primeiros dias de vida.

Um caso publicado no *American Journal of Clinical Hypnosis* pelo Dr. Ewin em 1994, relata a própria experiência de regressão de idade até os quatorze dias de vida; o que foi validado por ele através dos registros em microfilme do hospital em que ele nasceu (Ewin, 2009).

Muitas são as maneiras de regredir, seja até a infância, a vida fetal ou vidas anteriores, ainda que a hipnose seja o meio mais conhecido e aplicado para permitir a regressão. Um dos objetivos principais desse processo via hipnose é atingir um estado de transe ou estado alterado de consciência, para com isso, realizar um trabalho que via de regra é focado na identificação da causa-origem do sintoma manifestado e na integração dos níveis de consciência superior.

É comum durante o processo da regressão, que a pessoa experimente catarses, e que as reações sejam trabalhadas de maneira a permitir o encontro da paz e purificação emocional. Em alguns casos, o trabalho tende a ser direcionado para aspectos mais espirituais.

Por trazer à tona recordações de experiências passadas, também há no contexto da regressão um assunto delicado, a possibilidade de que falsas memórias possam surgir. Às vezes, a recuperação de lembranças durante o processo regressivo se dá de maneira natural e até espontânea.

Caso o objetivo da regressão seja para encontrar ou identificar informações ou lembranças com intuito não necessariamente terapêutico, é imprescindível adotar metodologias de validação da informação resgatada.

Uma das modalidades de hipnose que mais fazem usam da regressão é a hipnose forense. Nesse caso o objetivo é facilitar o entendimento e elucidar situações complexas onde tanto o acusado quanto as testemunhas precisam resgatar informações ou detalhes que ficaram perdidos na memória quando do fato ocorrido.

Reviver fatos do passado pode proporcionar uma melhor compreensão aos problemas pessoais de ordem emocional, ao mesmo tempo, podem provocar reações que requerem conhecimento especializado para serem gerenciados. O entendimento do que a regressão pode provocar é um aspecto muito importante, ainda que o aprendizado mais completo sobre esse assunto é originado na prática direta com os clientes e na observação das experiências regressivas.

Segundo Morris Netherton, o inconsciente funciona como um gravador, e isso me faz refletir que essa capacidade dá a regressão, um claro potencial de resgatar experiências ou lembranças através do acesso aos níveis mais profundos do inconsciente, e que tem a capacidade de promover mudanças positivas.

Padrão Visual de Suscetibilidade

"Estudar a hipnose foi a parte mais
desconcertante e mais gratificante da
minha carreira." Psychology Today, 1986

— *Ernest R. Hilgard*

Uma das técnicas que criei e utilizo para a classificação imediata de suscetibilidade de uma pessoa à hipnose, eu a chamo de "padrão visual de suscetibilidade".

Algumas pessoas fazem uso de diferentes técnicas para testar a suscetibilidade das pessoas a fim de estabelecer um grau de hipnotizabilidade. Inclusive existem algumas escalas que permitem e facilitam essa classificação. Ainda assim, ao aprofundar-me cada vez mais na prática da hipnose, comecei a observar e notar padrões que facilitavam essa identificação, e com isso criei minha própria técnica.

Existem algumas variações de escalas de hipnose, pelo menos seis delas são bastante conhecidas. Foram essas escalas que ajudaram a demonstração científica da hipnose e do transe hipnótico desde a década de 1950. A existência dessas escalas ajudou a hipnose muito mais do que atrapalharam, e os resultados disso nós colhemos atualmente nos livros e estudos disponíveis. Na prática, podemos esperar os resultados sem necessariamente saber como explicar em detalhes o que está acontecendo. Uma coisa não invalida a outra, mesmo porque a teoria busca explicar a prática.

As escalas medem os níveis de transe e suscetibilidade e não a hipnotizabilidade das pessoas. Logo, não quer dizer que as escalas busquem medir quem é ou não hipnotizável, mas sim, uma vez alcançado o transe, qual o nível alcançado. Por isso, o uso dessas escalas serem importantes no contexto da hipnose instrumental, ou estudos científicos da hipnose, mais do que na prática clínica ou hipnoterapia.

A hipnose atual e as tecnologias disponíveis atualmente são fruto de uma evolução contínua, e anular ou não dar crédito ao que trouxe a hipnose até aqui não substituí a validez disso. Assim, numa visão puramente clínica e terapêutica, não é preciso preocuparmos com escalas, porém não quer dizer que não sejam relevantes em outros contextos da hipnose.

Conhecer em detalhes os aspectos mais amplos da hipnose, além da prática, pode ser elemento adicional para os interessados na hipnologia.

As escalas têm um elemento de equivalência nos seus sistemas de medida e critérios. A relevância das escalas é algo que pode ser ou não aceitada, depende do prisma de quem observa. Acontece que essa mesma relevância, por exemplo, pode mesmo perder o efeito se o uso de do PET Scan e outros sistemas computadorizados forem considerados para medir as reações ou estado de transe hipnótico. Nesse caso a resposta seria analisada por outros parâmetros, ou "escalas" já codificadas na forma de imagens ou programas computacionais.

Uma escala de hipnose, como a *Escala de Suscetibilidade Hipnótica de Stanford*, por exemplo, considera os seguintes níveis:

- 0-4 baixo

- 5-7 médio

- 8-12 alto

Não é uma lista de perguntas, e sim, uma série de exercícios conduzidos pelo hipnólogo para avaliar os níveis enquanto em estado de hipnose. Esses níveis são baseados em uma tabela de referência de reações apresentadas durante a hipnose, e são baseadas em 12 tarefas. Alguns dos testes vão desde separar os dedos entrelaçados, até a alucinação da presença de uma mosca imaginária voando e emitindo ruído. O teste número 12, por exemplo, busca para comprovar a suscetibilidade para amnésia pós-hipnótica.

Segundo Hilgard, quem participou do desenvolvimento do teste da Universidade de Stanford, os 12 testes são basicamente:

1 - Mãos abaixadas

2 - Separação das mãos

3 - Alucinação da mosca

4 - Alucinação gustativa

5 - Rigidez dos braços

6 - Sonhos

7 - Regressão de idade

8 - Imobilização do braço

9 - Perda do olfato

10 - Alucinação auditiva

11 - Alucinação negativa

12 - Amnésia

Por exemplo, respostas motoras acontecem normalmente de forma automática como resultado de uma sugestão direta, com a perda do controle voluntário sobre o movimento. Isso é algo que acontece em qualquer sessão de hipnose clínica, terapêutica, de palco, ou outras.

Quem já induziu alguém para conseguir reações como os olhos, mãos, e boca grudada, e a pessoa ficou com inabilidade de separar os dedos, as mãos ou abrir os olhos e a boca; sabe na prática sobre essa sequência da escala. Também há as medidas mais profundas, onde é possível induzir a sensação de doce e azedo, o sabor induzido é sentido e acompanhado normalmente com expressões faciais demonstrando claramente o resultado do teste. Isso também é aplicável a odores e sons.

Normalmente não vamos ficar testando e classificando as pessoas numa escala, e isso é óbvio. No mundo real, o hipnólogo deve saber o que está fazendo e o que está acontecendo. Do contrário, seria apenas um fazedor de bolos seguindo uma receita. Como somos conhecedores das nossas capacidades e dos resultados que estas podem causar, aprofundamo-nos ainda mais no entendimento que as ferramentas disponíveis podem nos oferecer. Assim, compartilhando e aprendendo, melhoramos como hipnólogos, profissionais e pessoas.

É ou deveria ser princípio de quem usa as escalas, poder identificar se o indivíduo responde ou não aos testes. O motivo principal de ter as escalas é mesmo porque as pessoas respondem diferente aos procedimentos hipnóticos.

Weitzenhoffer um dos co-criadores da escala de Stanford junto com o Hilgard, foi amigo de Milton Erickson e um dos editores do *American Journal of Clinical Hypnosis* (AJCH) onde Erickson também publicou seus artigos. Havia entre os dois algumas diferenças a respeito de teoria e prática da hipnose, porém sempre se respeitaram mutuamente como profissionais.

Nos estudos da hipnose ericksoniana não se vê aplicações de escalas, por causa da postura não convencional da hipnoterapia de Erickson. Enquanto que nos experimentos científicos de laboratório sobre a hipnose, a escala de Stanford tem sido a amplamente usada, ou as vezes também seguida pela de Harvard.

Das técnicas tradicionais para teste de aptidão à hipnose, estão pelo menos os dedos magnéticos, mãos coladas, olhos grudados, levitação da mão ou braço, entre tantos outros.

O Padrão Visual de Suscetibilidade é diferente principalmente pelo fato de não requerer o auxílio de testes para determinar a suscetibilidade. Quando do desenvolvimento dessa técnica, eu tomei como referência alguns modelos e padrões adotados nas práticas de exorcismo aplicado por um amigo da família, o "Frey Chico", com quem tive a oportunidade de conversar longamente sobre hipnose.

De forma geral, o padrão funciona através da observação do que vou chamar de canal de percepção sensorial de cada pessoa – não os confunda com os sistemas representacionais da programação neurolinguística. Existem vários padrões ou canais preferenciais de percepção para cada indivíduo, portanto aqui vou indicar ao menos três deles:

- **Padrão Visual**: olhos – quanto mais abertos; as vezes uso de óculos são indicativos visuais.

- **Padrão Auditivo**: quanto mais descolado o lóbulo da orelha, maior o indicativo do padrão auditivo.

- **Padrão Sinestésico**: quando com a palma da mão aberta, o dedo polegar aparenta curvatura acentuada, maior o indicativo sinestésico.

Uma das maneiras de comprovar isso, antes mesmo de provocar um transe hipnótico, é simplesmente ao observar a pessoa a ser hipnotizada. Ao identificar o canal de maior influência, adote uma linguagem e procedimento de indução, condução e acompanhamento para hipnose que seja coerente com esse canal. Um exemplo é ao observar o padrão dos olhos, estruture as sugestões ou técnicas que usem elementos visuais.

Quando dizem que Descartes estava errado porque propôs a distinção entre o corpo e a mente, entendo que há correlação com a hipnose. Sabemos que há uma relação direta entre o que a mente processa e o resultado que provoca no corpo.

Portanto, meu convite para você é que observe e teste os padrões visuais que apresento, e verifique se estes são úteis para você tanto como são para mim.

Dúvidas e Mitos sobre Hipnose

"As pessoas diferem no grau em que respondem à hipnose."

— *Associação Americana de Psicologia*

Muitas vezes percebo dúvidas e mitos bastante comuns sobre a Hipnose, e, portanto, procurei responder algumas das perguntas mais relevantes. Porém de forma sucinta e sem a pretensão de entregar uma resposta definitiva, senão apenas com a intenção de compartilhar minha opinião a respeito, e complementar de maneira simplificada, o que já disse em minhas reflexões.

Hipnose existe mesmo?

Sim. São vários os estudos científicos que não

apenas buscam, mas comprovam e explicam o fenômeno hipnótico. Também conseguem identificar onde e por quais meios a hipnose pode servir como meio auxiliar em várias práticas incluindo áreas da saúde.

Quais os fundamentos da hipnose?

De maneira resumida, talvez eu poderia citar uma reportagem "A verdade e o exagero da Hipnose" da revista *Science American* de 28 de junho de 2005 (*Graham, Sarah. Scans Show How Hypnosis Affects Brain Activity*) onde é apresentado pesquisas realizadas sobre hipnose e seus resultados. A resposta é que áreas diferentes no cérebro são afetadas quando as pessoas – após receberem a sugestão hipnótica – reagem à estas sugestões de forma natural. A neurociência e os estudos e investigações mais recentes sobre a hipnose apresentam que há um aumento da atividade no córtex pré-frontal direito nas pessoas sob o transe hipnótico.

Nossas respostas sob hipnose são verdadeiras?

Não necessariamente tudo o que é dito sob hipnose é reflexo da verdade. A percepção da pessoa hipnotizada é o objeto de foco e consequentemente a resposta assume a verdade dada pela pessoa no contexto da hipnose. Um aspecto importante a ser considerado é a possibilidade do surgimento de falsas memórias durante o trabalho da hipnose, e isso tem fator altamente relevante em especial no que tange a hipnose forense e regressões de idade ou mesmo de vidas passadas.

Como é que se hipnotiza alguém?

Sem prática não se aprende. O passo mais difícil é adquirir maestria, o que eu diria é que somente alguns poucos conseguem atingir. Se pedir alguém para fechar os olhos, imaginar-se num barco em alto mar, e quando você contar até 3, sugerir que haverá um movimento no corpo para acompanhar o movimento do mar... a partir daí já se pode provocar a hipnose. Porém, é importante saber o objetivo, a motivação para hipnotizar alguém e o que fazer depois.

Todas as pessoas são hipnotizáveis?

Muita gente acredita que há um percentual de pessoas que não podem ser hipnotizadas, outros que 100% podem. Eu fico com a última opção e entendo que qualquer pessoa pode experimentar a hipnose. Ainda assim, algumas pessoas são mais resistentes, e para essas normalmente é preciso dominar com maestria as nuances da hipnose.

É verdade a hipnose dos programas de TV?

Nos programas de TV onde uma pessoa é hipnotizada para acreditar estar comendo uma maçã ao invés de cebola o que vemos, na maioria das vezes, é real. Não há truque, porém, pode haver. Muitas vezes o que é apresentado não passa de um show, demonstração do fenômeno da hipnose.

Qual a sua utilidade prática da hipnose nos palcos?

A hipnose praticada nos palcos tende a ser literalmente com o objetivo apenas de diversão, e as vezes servir como vitrine para o hipnólogo. Não há utilidade prática enquanto processos terapêuticos. Muitos não concordam com *hipnose de palco*, outros são bastante favoráveis. De fato, essa questão sempre gera bastante polêmica.

Freud usou hipnose em seus estudos?

Freud fez sim usou da hipnose no início de seus estudos até conceber a Psicanálise, abandonou-a, e por fim voltou a fazer uso dela.

"A hipnose parecia resultar em curas temporárias, com o aparecimento posterior dos sintomas..."

O que Freud identificou sobre a hipnose, no fundo não deixa de ser verdade. A Hipnose enquanto fenômeno não cura, ela pode controlar, amenizar, aliviar, minimizar, facilitar, diminuir, substituir, etc.

Exceto em alguns casos, considero que a hipnose, principalmente enquanto auto-hipnose, pode fazer muita diferença no auxílio e na obtenção de resultados desejados para: controle da dor, desenvolvimento de capacidades físicas, aumento da concentração, relaxamento físico e mental, aprendizagem acelerada, entre várias outras aplicações. Então, podemos considerar que ela promove resultados tão positivos que se assemelham à "cura".

Porém, aliada há métodos como os disponíveis na Psicologia, Medicina, Odontologia, Fisioterapia, Educação Física, e outras ciências da saúde e humanas, os resultados também podem resultar altamente positivos. Adicione-se a isso o fato que estas áreas já detêm e oferecem conhecimentos específicos para o tratamento de doenças e problemas.

A hipnose pode ser utilizada para provocar anestesia para uma cirurgia?

A hipnose pode servir como um procedimento extra na intenção de provocar anestesia e também analgesia. Substituir a anestesia química por hipnose não é decisão trivial e alguns fatores devem ser levados em consideração. Eu optaria por hipnose em alguns casos específicos, quando a pessoa não pode receber anestesia química.

Como a hipnose foi descoberta?

A história talvez seja mais longa do que eu poderia discorrer aqui neste espaço por isso criei um capítulo com uma reflexão inteira sobre isso. Eu diria que a hipnose, mesmo tendo nascida como terminologia em 1843 através de James Braid, acredito que é descoberta todos os dias por todos os hipnólogos e profissionais que dedicam tempo em estudar os fenômenos de transe e seus efeitos, e também em praticar diariamente as técnicas hipnóticas.

Por quanto tempo uma pessoa pode permanecer hipnotizada?

Há alguns estudos que indicam que a pessoa

hipnotizada pode permanecer sob o estado de transe hipnótico por algumas horas, logo este estado tende a transformar-se em sono fisiológico. Mas não há regras de tempo, e sim uma experiência única para cada indivíduo.

Alguém hipnotizado entregaria senhas e dinheiro?

Um hipnotizador até pode abordar e hipnotizar pessoas nas ruas, ainda assim, é muito improvável que conseguirá obter informações que a pessoa não entregaria caso contrário. Não há na literatura argumentos que suporte esta afirmação de que um hipnotizado entrega todo o seu dinheiro para o hipnotizador.

Perdemos a memória a ser hipnotizados?

A pessoa não perde a memória depois de ter sido hipnotizada. É comum durante o estado de transe hipnótico haver demonstrações ou o desenvolvimento de processos que incluem rotinas de esquecimento temporário de informações ou lembranças com o objetivo de vencer algum trauma, ou até mesmo quando a hipnose acontece em algum palco ou programa de televisão, a sugestão de que a pessoa esquecerá algum nome ou número, por exemplo. Ainda assim, esse esquecimento é temporário e dura normalmente o tempo do transe hipnótico.

Seria a hipnose uma forma de bruxaria?

A hipnose não é uma técnica que vai contra credos e crenças, nem tão pouco apoia. Ainda assim, qualquer indivíduo pode fazer uso dela, inclusive os praticantes de qualquer doutrina ou religião.

Muitas vezes é observado a prática da hipnose em contextos religiosos, porém isso não dá à hipnose o caráter de algo associado à crença, misticismo ou bruxarias.

A hipnose enfraquece a vontade?

Não acontece. O que acontece durante a hipnose é a aceitação de sugestões que o inconsciente julga corretas. Um caso típico é o trabalho terapêutico usando a hipnose para auxiliar no emagrecimento, pois é comum que haja uma diminuição da vontade de comer determinados tipos de alimentos em resposta a sugestões pós-hipnóticas e que via de regra estão alinhadas com algum trabalho de profissional da saúde.

Não voltar do transe

Todos voltam do transe após alguns minutos. Pode ocorrer de o transe hipnótico transformar-se em sono fisiológico e em algumas horas o indivíduo despertar.

Por fim, gostaria de defender que Hipnose é conhecimento universal. Praticamos isso todos os dias, porém de forma inconsciente e não direcionada. Aprender hipnose não dá poder a ninguém, mas sim, cria possibilidades. O que fazer com essas possibilidades dependem de cada um e de seus próprios recursos.

Confie no inconsciente, ele sabe o que faz.

PARTE 2

Mudanças Positivas

Mudanças profundas e rápidas

"Não procures jamais escapar das sagradas lições da experiência."

– Akhenaton

Muitas vezes tentamos mudar alguma coisa em nossas vidas, sejam comportamentos, crenças, ou mesmo atingir novos objetivos, entre tantas outras coisas. Se pudéssemos ter um tipo de software que atendesse aos nossos desejos assim como um gênio da lâmpada, quem sabe tudo não seria mais fácil, não é?

É possível para um indivíduo realizar mudanças efetivas em suas vidas, desde que siga alguns passos importantes, um deles é o trabalho com as crenças pessoais. Para qualquer mudança é necessário primeiro estabelecer qual o objetivo final a ser alcançado, depois de descobri-lo, identificar qual o estado atual em que o indivíduo se encontra, e a partir daí obter os recursos para chegar ao objetivo estabelecido.

Pode parecer fácil, mas existem fatores que causam interferências nessas mudanças. É como se algum lado da pessoa não quisesse atingir o novo objetivo, e por isso, saber como trabalhar os recursos para sair do estado atual e atingir um novo estado, faz toda a diferença.

Muitos livros e trabalhos discutem sobre as técnicas que podem ser aplicadas em processos de mudanças. Um destes livros é o "Crenças" de Robert Dilts, que é um dos autores e também co-criador de várias técnicas e estratégias bastante utilizadas pelos praticantes de programação neurolinguística. A proposta deste trabalho é identificar as crenças que sustentam hábitos prejudiciais, e rapidamente remodelar estas crenças para permitir que novos processos e novas estratégias sejam aprendidas a fim de promover novos hábitos, focados no bem-estar, na produtividade, na mudança e crescimento pessoal e profissional.

As principais propostas de mudanças profundas, utilizam das estratégias mentais que fazem toda a diferença em seu processo de assimilação e entendimento de qualquer objetivo futuro desejado, e também na identificação do estado atual. Esse exercício considera como estratégias, por exemplo, a identificação das crenças limitantes que de alguma maneira estão prevenindo a mudança.

O metamodelo adotado pela programação neurolinguística permite você utilizar questões desafiadoras, explorar aspectos complexos, e muito mais, desde que todo o material utilizado provenha do próprio cliente.

O processo de mudanças não é a exploração simples e direta de padrões e técnicas na pessoa ou cliente, pelo contrário, é sim o uso de um conjunto de ferramentas que permitem direcionar de maneira estruturada todo o material e sinais disponibilizados pelo inconsciente do próprio cliente, e com isso permitir provocar as mudanças desejadas.

Das várias técnicas para mudança de crenças, por exemplo, algumas permitem trabalhar com os níveis lógicos e hierarquia de valores dos indivíduos, entre outras. Também modelos de coaching, como o modelo de mudanças para onde houver o desejo de mudança ou quando houver medos e frustrações a serem superados. Obviamente que fazer uso desse conjunto de técnicas para trabalhar algumas questões ou queixas, requer não apenas conhecimento e prática, mas responsabilidade e compromisso.

Uma maneira de provocar mudanças positivas é usando hipnose ericksoniana, ao conduzir a pessoa na tomada de ações positivas rumo à mudança considerada como objetivo desejado. Esse processo ajudará a pessoa na transição da mudança de crença e também no aprendizado dessa mudança. Se for trabalhar isso, escolha pequenas metas para trabalhar a crença e ir com isso aumentando gradualmente a confiança e demonstrando a instalação de novos hábitos. É nesse contexto que os recursos estratégicos que o coaching e a programação neurolinguística podem facilitar no processo de mudança.

Quando a hipnose é considerada como elemento de condução e exploração para as causas raízes das queixas indicadas pelo cliente, é então possível aprofundar as questões de associação às emoções negativas e ou outros fatores limitantes, sejam estes aparentes ou latentes.

Da exploração consciente ou inconsciente dos problemas que exigem ou naturalmente sugerem a necessidade de uma mudança, estão aspectos emocionais que, via de regra, são causados por alguma componente emocional. É nesse cenário que tanto a hipnose quanto outras técnicas podem ajudar a produzir resultados significativos.

É sabido que quanto mais tentamos nos livrar de um pensamento, ainda mais forte esse pensamento se estabelece em nossa estrutura psicológica. Ora, é justamente esse princípio que buscamos solucionar ao propor a ideia de mudanças profundas e rápidas.

Ou seja, quando realizamos uma mudança de pensamento, de padrões negativos ou mesmo qualquer coisa que esteja gerando determinados comportamentos indesejados, fazemos uso das capacidades individuais ou coletivas de mudança.

A força da crença é tamanha que quando mudamos nossas crenças, podemos modificar todo o curso de nossa vida. Para provocar tais mudanças, normalmente o caminho é fazer perguntas de qualidade, que tragam respostas de qualidade. Quanto mais claro for o objetivo, mais fácil será para alcançá-lo, porque clareza é poder.

Sabemos que as palavras têm força, e que quando manifestamos nossos pensamentos através das palavras adequadas, temos a chance de modificar nossos padrões e também as reações que potencialmente obteremos. É importante subir nossos padrões, mudar as próprias regras, trabalhar as crenças que nos limitam em seguir adiante. Para isso podemos fazer uma lista de decisões ao invés de uma lista de desejas, e com isso tomar ações imediatas.

As mudanças acontecem em instantes, são mesmo fruto das decisões e ações que tomamos. Nosso futuro, portanto, é moldado através de mudanças profundas e rápidas, e que acontecem a cada momento inexorável que passa.

A hipnose ajuda a disparar os recursos para provocar as mudanças e a neurolinguística permite reforçar e acelerar o processo.

Pelas estradas da vida

"Nossas vidas são como estradas desconhecidas."

— *Iracema Guimarães*

Às vezes passamos por momentos que se parecem com trechos já percorridos, outras até imaginamos já conhecer o caminho, mas na maioria das vezes nunca vimos um pedacinho sequer da estrada que estamos percorrendo.

Nem sempre nos damos conta dos obstáculos que aparecem em nossas vidas, e quando estes aparecem, as vezes simplesmente paramos e desistimos de continuar adiante por não sabermos lidar ou mesmo por desconhecer meios de vencer tais obstáculos. Outras vezes, enfrentamos o desafio de escolher outro caminho ou permanecer persistentes em nossa jornada.

A verdade é que desconhecemos o que nos

espera na estrada da vida, e isso talvez seja o maior mistério de nossa existência; saber para onde vamos e o que acontecerá, muito mais do que saber e entender de onde viemos.

Tentar adivinhar o futuro é uma operação desejada, porém muito arriscada, e muitas vezes esses riscos são aumentados por fatores desconhecidos e incertos.

As pessoas são parte de nossa caminhada por esta estrada, e a maneira com que interagimos uns com os outros é talvez o que determina a qualidade e a percepção da nossa experiência individual e também coletiva.

Existe um provérbio Dinamarquês que transmite claramente a ideia que aqui propomos: *"a próxima milha é a única que uma pessoa realmente precisa percorrer"*. Sem um mapa ou as coordenadas adequadas as chances de alcançar qualquer destino são mínimas.

Ao não conhecermos as estradas que percorreremos em nossas vidas, não há modo de prever os obstáculos que enfrentaremos, nem mesmo determinar quais serão os resultados que conseguiremos. Ainda assim, podemos ao menos recorrer à nossa capacidade de imaginar e criar realidades através de visualizações mentais daquilo que verdadeiramente queremos em nosso futuro.

Essa falta de previsibilidade da vida é algo que incomoda muitas pessoas, principalmente aquelas que não conseguem lidar com o medo que a incerteza causa.

Uma das principais emoções que nos limitam seguir adiante em nossa caminhada é justamente o medo. Medo de não sermos suficientemente bons ou medo de não sermos amados. Isso de alguma maneira direciona e controla a qualidade de vida dos seres humanos.

Nós até podemos lutarmos e brigarmos contra o medo, e muitas vezes é isso mesmo o que acontece, uma briga e uma luta para vencê-lo sem antes mesmo de aceitá-lo. Talvez nunca tenhamos considerado apenas deixar acontecer, e aceitar os pensamentos e sentimentos angustiantes de medo, porque se o fizéssemos, iríamos descobrir que podemos superar isso e sobreviver de forma mais eficaz do que se lutarmos e brigarmos.

Uma das reações disparadas no transcurso cotidiano de nossas vidas, e que está diretamente ligada à essa emoção negativa, são as fobias. As fobias são acionadas quando a emoção do medo é inconscientemente ligada a imagens mentais, assim como olhar para baixo desde um ponto alto. Ao separar ou desligar o sentimento de ansiedade a partir da imagem, usando hipnose por exemplo, a fobia pode "desaparecer" rapidamente.

Uma antiga fábula de autor desconhecido diz assim:

Um camundongo vivia angustiado com medo de gato. Um mágico teve pena dele e transformou-o em gato. Mas então ele ficou com medo de cachorro, por isso o mágico o transformou em leão. Então ele começou a temer os caçadores. E a essa altura o mágico desistiu. Transformou-o em camundongo novamente e disse:

— Nada que eu faça por você irá ajudá-lo, porque você tem apenas a coragem de um camundongo. É preciso coragem para romper com o projeto que nos é imposto. Mas saiba que coragem não é a ausência do medo, é sim a capacidade de avançar, apesar do medo; caminhar para frente; e enfrentar as adversidades, vencendo os medos.

É isto que devemos fazer e não desistir do projeto de vida por medo do que virá, pois não podemos nos sabotar, nos entregar por causa dos medos. Senão, jamais chegaremos aos lugares ou aos objetivos que buscamos alcançar.

Assim, entender, conhecer e ter acesso ao mapa do território que se quer percorrer é fundamental. É preciso coragem para seguir adiante pela estrada da vida.

Princípio Prazer-Dor e as áreas da vida

"Correndo em busca do prazer, tropeça-se com a dor."

— *Barão de Montesquieu*

Estamos todos quase sempre ocupados. Muitas vezes estamos pendentes de coisas que nos interessam e isso porque nós, os seres humanos, somos movidos por duas forças: os que buscam o prazer e os que evitam a dor.

O estado em que as pessoas se encontram, determinam seus resultados, tanto na busca do prazer ou na intenção de evitar a dor. Mudar o foco, gera um impacto imediato em nosso estado emocional.

A diferença da hipnoterapia onde o foco está na pessoa hipnotizada, na vida cotidiana, quem está em busca de prazer quer encontrar formas, a qualquer custo, de satisfazer sua necessidade de prazer. Enquanto, os que querem evitar a dor, também o fazem a qualquer custo.

Nós nascemos com o princípio do prazer, e vamos buscar gratificação imediata para nossas necessidades, e consequentemente somos recompensados por todo nosso sistema com uma sensação de prazer. Mas, o inverso também é verdade, e este é o princípio da dor que significa basicamente que enquanto alguns buscam pelo prazer, outras pessoas vão buscar evitar a dor.

O princípio do prazer-dor foi originalmente proposto por *Sigmund Freud*, ainda que até mesmo *Aristóteles* tenha falado sobre este tema quando disse que, prazer é um movimento e a dor é o oposto. Esses princípios também são encontrados no processo de condicionamento proposto por *Pavlov*, onde você obtém mais daquilo que é recompensado e menos daquilo que é punido.

É sabido que a dor pode acontecer e ser percebida de modo mais imediato do que a sensação de prazer. Isso nos leva a ficarmos mais preocupados em evitar a dor e consequentemente colocar mais atenção a isso.

Durante o processo de motivação de si mesmo, um aspecto importante é entender esses princípios, pois nós todos de alguma maneira também antecipamos prazer e antecipamos dor; o que pode levar a resultados completamente significativos em várias áreas da nossa vida.

Entendendo esse princípio, podemos derivar em vários outros aspectos que definem como um indivíduo pensa e conduz os parâmetros das áreas de sua vida. Quando falamos em áreas da vida, estamos nos referindo a ideia de que existem componentes que constituem e norteiam o ser humano; sendo estes divididos em oito áreas principais e uma área transcendental.

Das áreas principais, são estas:
1. Física
2. Emocional
3. Mental
4. Material
5. Profissional
6. Social
7. Recreacional
8. Desenvolvimento pessoal

Além dessas, há o que chamamos de área espiritual, que pode ser considerada como a componente guia de todas as demais; ou mesmo, o reflexo do alinhamento das demais. Estas mesmas áreas também são mencionadas na literatura com diferentes variações em quantidades e definições.

Ainda assim, a ideia central permanece, e tem a ver com a própria evolução do ser humano frente as questões que dominam sua própria vida.

Essas áreas requerem constante crescimento e desenvolvimento para que alcancemos uma vida extraordinária, e também para que encontremos o sentido da própria vida.

Uma das variações mais comuns é a pirâmide ou roda da vida, que se compõe de 7 áreas, divididas e orientadas desde a base da pirâmide até o topo, numa sequência lógica e que significa a posição de prioridade e a porção ou proporção em nossas vidas.

Estão assim organizadas:
1.   Corpo físico (saúde)
2.   Emoções e significado
3.   Relacionamentos
4.   Tempo e produtividade
5.   Carreira e missão
6.   Espiritual
7.   Contribuição ou realização

Outra maneira de apresentarmos essas áreas seria através de um quadrante que as distribuem entre áreas relacionadas aos níveis *Pessoal, Profissional, Relacionamentos* e de *Qualidade de Vida.*

Da ordem de classificação, estas divisões de áreas ficariam assim distribuídas:

Pessoal	Profissional
• Saúde e disposição • Desenvolvimento intelectual • Equilíbrio emocional	• Realização e propósito • Recursos financeiros • Contribuição social
Relacionamentos	Qualidade de Vida
• Família • Relacionamento amoroso • Vida social	• Criatividade, hobbies e diversão • Plenitude e felicidade • Espiritualidade

Da mesma forma, podemos encontrar variações tais como as usadas pelo Feng Shui da filosofia chinesa, onde as áreas da vida são mapeadas no baguá de oito lados, listando as seguintes componentes: *Sucesso, Relacionamento, Criatividade, Amigos, Trabalho, Espiritualidade, Família e Prosperidade*.

Percebemos que existem diversas maneiras de explicar e orientar o ser humano com relação às áreas que compõem e direcionam os aspectos da vida. Ainda assim, para todas essas áreas, as forças que comandam e direcionam a energia necessária para provocar mudanças e alcançar resultados, são mesmo a busca por prazer ou a tentativa de evitar a dor.

Além dessas áreas da vida e o princípio de prazer-dor, também existem várias outras tentativas de explicações para como adotamos não só o padrão de pensamento, mas também os comportamentos que manifestamos.

Refletindo sobre as necessidades que as pessoas demonstram ter, costumo fazer uso do modelo que consistem nas quatro necessidades primárias de:

Certeza: a busca por conforto, prazer e suas necessidades; as pessoas podem abandonar seus sonhos e valores apenas para alcançarem suas necessidades de certeza.

Incerteza: a busca por variedade e surpresa; são as pessoas que gostam de serem surpreendidas constantemente.

Significância: a busca por sentir-se único (a), importante e especial.

Conexão/Amor: a busca por ser amado, encontrar uma conexão com alguém ou alguma coisa.

E também duas necessidades espirituais para

criar realização:

Crescimento: a busca por algo que denota crescimento em algumas ou todas as áreas da vida.

Contribuição: a busca por algo além de si mesmo; contribuir com alguém ou em alguma coisa.

A maioria das pessoas tendem a permitir mudanças ocorrerem na vida delas quando há uma dor muito forte, ou seja, massiva. Para algumas pessoas a dor é uma alavanca poderosa quando se busca modificar alguma coisa que está cristalizada na estrutura da pessoa. Provocar mudanças ou criar um novo hábito requer criar um novo padrão de empoderamento e reforçá-lo até se tornar um novo hábito.

Através da hipnose é possível estabelecer um protocolo que permita explorar os valores que atribuímos as áreas da vida. O processo é relativamente simples, bastaria apenas identificar aquilo que é mais importante para o indivíduo com relação à cada uma dessas áreas. Esses valores são normalmente indicados por nossos comportamentos em ir em direção a alguma coisa, ou em afastar-se desta coisa.

Os recursos que a hipnose entrega nesse contexto é a condição de estimular e explorar as motivações que temos dentro de nós, ao mesmo tempo que oferece a possibilidade de provocar mudanças nos pesos que damos a cada um desses valores que atribuímos as áreas da vida. O uso de sugestões é o caminho mais simples para conseguir isso.

Todas as coisas que estudamos nos ajudam a fortalecer a ideia de que a hipnose não somente facilita a ressignificação dos valores de cada uma das áreas, mas também para administrar nossos estados internos e comportamentos.

Portanto, identificar qual força motiva a nós mesmos, fará toda a diferença em entender como direcionamos nossos esforços, capacidades e energias rumo ao desenvolvimento das áreas de nossa vida, e das mudanças que desejamos alcançar.

Coaching: A chave da excelência

"Não importa o que fizeram conosco, o que importa é aquilo que fazemos com o que fizeram de nós"

— *Jean Paul Sartre*

Coaching é um processo com visão orientada para resultados, o que ajuda cada pessoa ou organizações a construir um caminho para assim alcançar as suas aspirações.

Coaching é mais um exercício do que um pacote pronto. É uma disciplina, uma arte, um procedimento ou processo, técnica e também um estilo de gestão e conduta de liderança.

Existem vários sabores para o Coaching, e isso acontece quando o foco e o contexto são considerados. Para esta reflexão, eu gostaria de comentar tanto o Coaching Pessoal (Personal Coaching) como o Coaching de Negócios ou

Executivo (Executive Coaching).

Dentro do âmbito do Personal Coaching é possível encontrarmos profissionais que atuam com foco no Coaching para Carreira, Financeiro, Saúde, Aspectos da Vida, Programação Neurolinguística, Relacionamentos, entre outros. Nesta modalidade é possível encontrar também oportunidades de trabalho bem específico nos aspectos motivacionais, autoestima e transformação pessoal.

No caso do Coaching Executivo, a busca é por transformar os profissionais executivos e assim encontrar novos níveis de excelência, para assim atingirem mais e mais resultados positivos. Dentro desta modalidade estão algumas áreas de foco específicas tais como liderança, marketing, empreendedorismo, e negócios, entre outras.

Independente da linha de Coaching que escolhemos, um objetivo claro, específico e firme deve ser algo que poderemos obter através deste processo. Melhorar a performance, desenvolver novas habilidades, conseguir crescimento pessoal e profissional, são todos elementos que nos ajudam a alcançar a excelência.

Coaching é um processo com visão orientada para resultados, o que ajuda cada pessoa ou organizações a construir um caminho para assim alcançar as suas aspirações.

Coaching é mais um exercício do que um pacote pronto. É uma disciplina, uma arte, um procedimento ou processo, técnica e também um estilo de gestão e conduta de liderança.

Sem um escopo bem definido, não se pode saber aonde se pretende chegar. A meta é o resultado esperado com o Coaching, e para sair do planeamento e seguir rumo ao foco, o indivíduo precisar de suporte para identificar o sabor daquilo que quer alcançar.

Essa ajuda que oferece o Coaching muitas vezes funciona através da aplicação da compilação de um conjunto de técnicas e processos que facilitam entender o cenário ou estado atual, determinar objetivos futuros e determinar o mapa entre o estado atual e futuro a fim de identificar o que está faltando. Isso permite criar os recursos necessários para seguir na jornada rumo aos objetivos desejados pela pessoa que passa pelo processo do coaching, e também para facilitar a interpretação e o entendimento dos resultados a serem alcançados.

Através da aplicação da Programação Neurolinguística e também da Hipnose, é possível potencializar as várias ferramentas que suportam alguns modelos de Coaching. Um exemplo claro é o modelo SCORE, o qual significa basicamente:

- **S**intomas (*o que acontece em seu estado atual*)

- **C**ausas (*o que fez criar ou contribuiu para o problema*)

- **O**bjetivo (*este é o que se busca alcançar*)

- **R**ecursos (*o que preciso para chegar ao resultado desejado*)

- **E**feitos (*o que acontece se eu aplicar os recursos que me encontro*)

Obviamente, ao definirmos uma estratégia para o cumprimento de metas e objetivos, além disso servir como um recurso muito importante na aplicação dos modelos de Coaching, é também a chave da excelência de todo o processo.

Sucessos passados criam seu futuro

"Inale o futuro, expire o passado."

Quando estamos em sintonia com nossas lembranças mais saudáveis, nossas emoções mais positivas, e nossas experiências passadas de sucesso, podemos encontrar os recursos necessários para recriá-los no futuro.

A primeira e mais importante decisão a fazer é determinar que a vida acontece para nós mesmos e com isso sermos gratos por tudo o que a vida nos proporcionou até agora. Ser grato por todas as experiências, aprendizagens e oportunidades do passado, e também por cada uma das pessoas com quem tivemos a oportunidade de interagir ou conhecermos.

Uma das maneiras para poder permitir que isso aconteça é fazer uso de *âncoras*. Existem pelo menos dois passos importantes para criar âncoras, seja de forma natural ou artificial. Basta para isso seguirmos passos simples, como:

- Resgatar um evento com impacto emocional muito forte; seja positivo ou negativo, e com isso provocar a **repetição do evento** mentalmente na forma de uma *lembrança;*

- Provocar uma **associação contínua** entre um estímulo e uma reação através de gatilhos únicos, internos ou externos, para poder acessar novamente a reação desejada.

Esse processo é bastante utilizado pela Programação Neurolinguística; uma metodologia que estuda a estrutura subjetiva da experiência humana, de como organizamos o que percebemos através dos nossos sentidos. Também examina a forma como descrevemos isso através da linguagem e como agimos, intencionalmente ou não, para produzir resultados.

Se fizermos uso de experiências passadas, tais como experiências de sucesso e emoções positivas ou negativas — podemos através do uso de âncoras criar vínculos dessas sensações e projetá-las para um estado futuro.

Toda associação usando a estratégia de criação de âncoras é estabelecida instantaneamente.

Por mais que esse processo possa parecer mecânico, os resultados alcançados são, via de regra, fenomenais. Tudo depende da intensidade e clareza da reação associada, da singularidade do estímulo usado como âncora, do contexto envolvendo a experiência resgatada pela ancoragem e, por fim, do reforço regular aplicado.

Faça um exercício simples:

- Lembre-se de um momento no qual você estava realmente (por exemplo) **confiante**. Então feche os olhos, *associe essa lembrança olhando e vendo tudo o que viu naquele momento, escutando o que ouviu naquela hora, e permita-se sentir tudo o que sentiu ao ter aquela sensação de estar completamente* **confiante**;

- Escolha um **gatilho específico** para associá-lo (*âncora*) quando estiver seguro de estar atingindo o máximo nível daquela emoção ou lembrança;

- Logo, **quebre este estado**—basta pensar e colocar o foco da sua atenção em alguma outra coisa por um instante;

- **Teste** tudo isso que acaba de praticar — dispare o gatilho;

- Para fazer com que a âncora fique ainda mais forte, **repita** esse exercício várias vezes.

Uma vez que tenha realizado o exercício proposto, estará pronto para validar e explorar os resultados que obteve.

É resgatando nossas experiências passadas que nós nos prendemos à elas, ou aprendemos com ela. Assim, a sugestão é fazer uso das lembranças e memórias de momentos onde coisas boas aconteceram, situações onde você pôde sentir-se completamente confiante e feliz, e com isso reforçar tal sentimento.

A ideia central é poder desenvolver uma postura de resignificar as experiências do passado para que o presente ou futuro sejam afetados de maneira positiva. E que nada limite ou previna que os sentimentos de confiança, força, foco, alegria e felicidades sejam de qualquer maneira bloqueados ou reprimidos.

Também, quando na luta para vencer o medo ou incerteza sobre o futuro, essa oportunidade que temos de recuperar situações onde fomos vencedores e corajosos, ajuda e muito a determinar nossos resultados futuros.

Tomando decisões

"É em seus momentos de decisão que seu destino é moldado."

— *Tony Robbins*

Cada um de nós dispomos de um sistema representacional responsável por filtrar o que é ou não relevante em um determinado momento.

Este sistema é a base para um pacote de informações que vai, ao longo do tempo, contribuir para o desenvolvimento da própria personalidade, e facilitar a compreensão do que nós chamamos 'mundo'.

Eu não tenho nenhuma intenção de descrever como a personalidade humana é desenvolvida, porém, apenas mencionar que mesmo os mecanismos existentes para promover tal evolução, no final das contas, afetam diretamente em nossas decisões, as quais são, em última instância, as principais responsáveis pelo que acontecem em nossos destinos.

Criar experiências pode ser muito mais fácil para aqueles que já estão experientes em um determinado nível de percepção. Isso nos faz concluir que existe um meta-modelo da linguagem que permitem criar nossos próprios mapas do mundo que percebemos.

É sobre este mapa de mundo que as nossas decisões fazem toda a diferença, e isso pode consequentemente ser a chave para a tomada de qualquer decisão. O ideal é saber qual parte do mapa será afetada.

Em 1933, *Alfred Korzybski*, um matemático polonês publicou "Ciência e Sanidade" dizendo: *"Um mapa não é o território que representa, mas se correto, tem uma estrutura similar ao território, que esclarece sua utilidade".* O que isso significa é que nossa percepção da realidade não é a realidade própria, mas nossa própria versão dela, ou nosso "mapa".

Esta é uma tese que discute como nós experimentamos o mundo através de nossos sentidos de percepção e como nós usamos esta interpretação externa para podermos construir tais representações internas do mundo no cérebro.

Este conceito é o que foi chamado *"o mapa não é o território"* e que tenta explicar como o mundo real e a percepção internalizada são diferentes.

Assim, suas decisões podem mudar sua vida completamente e isso não é uma possibilidade, é um fato. Quando alguém cria uma representação interna sobre as coisas, esta é baseada em seu mapa de mundo e naturalmente isso é a base para a tomada de suas decisões.

No contexto da tomada de decisões, é importante ressaltar que as pessoas encontram sempre as melhores alternativas frente às escolhas e opções que conseguem enxergar como disponíveis no dado momento da decisão.

Tony Robbins diz que *"A qualquer momento, a decisão que você faz pode mudar o curso de sua vida para sempre"*, isso quer mesmo dizer que nossos destinos são moldados pelas nossas decisões.

Acredito que para influenciar os resultados futuros que obteremos, é tudo uma questão de saber identificar nossas prioridades, e fazer uso adequado dos conhecimentos de como nossa representação interna afeta nossos pensamentos e estados emocionais.

Quando nós colocamos nossas prioridades na determinação de qualquer coisa que consideramos importante, essas coisas aparecem no início da lista, ou seja, aparecem mais facilmente na nossa memória. Portanto, o tempo ou foco nestas prioridades passam a ser ainda mais importante.

Quando detemos o poder em nossas mãos para tomar decisões e priorizar o foco naquelas que realmente provocarão resultados positivos em nossas vidas, podemos fazer a diferença entre tomar uma decisão ou apenas conformar com o que temos ou não temos.

Para tomarmos decisões acertadas devemos levar em consideração que o progresso vem da quebra de padrões limitantes em nossas vidas. Nós, seres humanos, temos a opção da decisão que contra nossas vidas: o livre arbítrio.

Compartilhando Conhecimento

*"Compartilhe o seu conhecimento. É uma maneira de
alcançar a imortalidade."*

– Dalai-lama

Quanto conhecimento somos capazes de
absorver, desenvolver e compartilhar?

Estamos a todo o tempo em contato com
alguma realidade que já pudemos experimentar
antes, ou mesmo alguma nova percepção de
realidade que é formada e evoluída através de
novos conjuntos de experiências.

A cada momento somos direcionados a
aprender mais e melhor, muitas vezes essa
afirmação perde o valor pela desistência de refinar
e ampliar o conhecimento. Nesses casos, o

contexto onde o conhecimento é gerado, assume o papel atribuidor da qualidade do conhecimento processado.

Somos capazes de aprender e desenvolver um conhecimento a partir de um mínimo de informação ou de porções de dados agrupados (que permita algum significado), e ao mesmo tempo, deixamos passar talvez as mais interessantes oportunidades de solidificar o nosso conhecimento – ou mesmo de compartilhá-lo.

Para compartilhar o conhecimento não é preciso seguir nenhum método específico, nem tão pouco aprofundar em técnicas complexas, pois basta começar contando uma história, uma metáfora, descrevendo uma solução para algum problema, ou mesmo escrevendo sobre tal acontecimento. Existem várias oportunidades para aprender algo, por exemplo, compartilhando o que já foi aprendido e com isso interagindo com outras pessoas ao mesmo tempo que assimila novos conhecimentos.

Acredito que cada indivíduo dispõe de todos os recursos básicos que necessita para a tomada de uma decisão. Entretanto, de acordo ao grau de impacto da decisão a ser tomada, mais a pessoa dependerá de aspectos emocionais. A ampliação de qualquer recurso disponível ao indivíduo se torna condição extremamente útil na intenção de diminuir tal dependência emocional.

Uma das maneiras para facilitar o processo, tanto da aquisição, quanto do compartilhamento de conhecimentos, é gerir o conhecimento. Muitas vezes as pessoas dependem de enriquecer os recursos disponíveis, o que de certa maneira podemos chamar de aquisição de novos conhecimentos.

Aceitar que quando uma pessoa pode aprender alguma coisa, também outra poderá aprender, é acreditar que qualquer pessoa deve seguir ou experimentar algum modelo de como captura, absorve, assimila e estrutura o próprio conhecimento.

Nessa direção, as experiências, pensamentos e lembranças possuem um determinado padrão, e é esse padrão o qual é a fonte para reuso do conhecimento. Por exemplo, ao incorporar um novo padrão de comportamento, mudamos nossa estrutura psicológica e imediatamente nossa reação à experiência também muda.

Considerando isso, e tratando de fazer um paralelo com a prática e metodologia da gestão do conhecimento, poderíamos entender que o processo de identificar, capturar, armazenar, e recuperar padrões de informações, são atividades bastante relevantes para qualquer indivíduo. Quando aplicamos o conhecimento, colhemos resultados e respostas imediatas. Da mesma fora, quando compartilhamos o que sabemos, isso ajuda a criar um senso de clareza e validação daquilo que conhecemos, o que não sabemos, e como preencher esse espaço vazio com novos conhecimentos.

Qualquer atividade de aprendizagem ou ensino, tem seus resultados ampliados quando não só novas informações são acolhidas em nossa estrutura cognitiva, mas principalmente quando aplicamos na prática e validamos o que sabemos. E como essa reflexão propõe, é compartilhando que temos a chance de consolidar e ampliar de maneira exponencial nosso conhecimento.

É o poder de compartilhar que define nossas capacidades em promover mudanças positivas em nós e também nos outros.

Metáfora da Areia Movediça

"A adversidade é um trampolim para a maturidade."

— *Charles C. Colton*

Muitas vezes o uso da Hipnose é acompanhado de recursos de linguagem, tais como padrões e modelos linguísticos que permitem a reação positiva ou negativa a uma determinada instrução.

Um dos mecanismos mais utilizados para facilitar a interação e a comunicação na constelação hipnótica são as metáforas, as quais facilitam o entendimento, visualização e acompanhamento de uma história de forma alternativa para um determinado contexto ou problema.

Cada cultura e religião usam esses tipos de histórias, analogias, parábolas para melhorar a compreensão, criar um ponto marcante, e nos ajudar a fazer mudanças positivas.

A metáfora a seguir é uma tradução livre e adaptada do trabalho original e proposto por *Steven C. Hayes* sobre Terapia de Aceitação e Compromisso (ACT).

"Quando estamos presos na areia movediça, o impulso imediato é lutar e lutar para sair dela. Mas isso é exatamente o que você não deve fazer em areia movediça – porque, quando você coloca o peso em uma parte do seu corpo (como o pé), ele afunda ainda mais. Assim, quanto mais você luta, mais você afunda – e mais você luta. Isso é mesmo uma situação sem vitória. Com areia movediça, só há uma opção para a sobrevivência. Espalhe o peso do seu corpo sobre uma área de superfície grande – deite-se. Isso vai contra todos os nossos instintos estabelecidos, deitar-se e realmente estar com a areia movediça, mas isso é exatamente o que temos que fazer. Assim também é com a angústia, os medos, etc. Nós lutamos e brigamos contra isso, mas nós talvez nunca tenhamos considerado apenas deixar acontecer, e estar com os pensamentos e sentimentos angustiantes, mas se o fizéssemos, iríamos descobrir que podemos superar isso e sobreviver – de forma mais eficaz do que se lutarmos e brigarmos."

Em nossas próprias vidas podemos experimentar situações muito parecidas com essa. Talvez você tenha se identificado com a história e até mesmo criado imagens mentais a respeito.

Quando fazemos uso de metáforas, principalmente no contexto da hipnose, temos um recurso extremamente poderoso para alcançar resultados de maneira rápida e eficiente. As metáforas permitem essa interação lúdica através de imagens mentais que facilitam a condução de qualquer pessoa ao estado de transe por meio de uma conversa.

Uma das modalidades mais comuns de hipnose atualmente é chamada de hipnose conversacional, pelo fato de que o processo basicamente não requer uma indução de choque ou de relaxamento progressivo, senão apenas o uso de padrões de linguagem para conseguir um transe hipnótico.

Os métodos de resolução de problemas que normalmente usamos para tentar lidar com as lutas as quais enfrentamos, pode ser parte do problema, assim como alguém tentando livrar-se da areia movediça.

Esta metáfora oferece e propõe algo muito interessante, pois para nos ajudar a nos libertar da areia movediça em que muitas vezes nós nos encontramos, temos que aceitar e evitar lutar. Ao fazer isso, podemos aliviar o nosso sofrimento e tornar-nos capazes de liderar mudanças significativas e dignas em nossas vidas.

Também, ao identificarmos que não é uma situação complexa, difícil ou incomoda que nos previne de sair de onde estamos, e sim, nossa própria inabilidade de tomar decisões com discernimento emocional adequado.

Ao isolar mentalmente, ou ao menos em nossos pensamentos, os fatores que nos fazem ficar presos e expostos à areia movediça, podemos claramente identificar as alternativas ou as chances que temos para superar e sair do espaço problema; neste caso vencer a areia movediça.

Evite lutar contra aquilo que drena sua energia, e foque seus esforços em 20% do que vai te entregar 80% dos resultados que você deseja.

Mensagens dentro de metáforas

"Em hipnose, imagens metafóricas são aceitas literalmente, como parte da natureza do transe."

— Jay Haley

O exercício da criação de mensagens dentro de metáforas é uma das práticas mais importantes dentro do universo da hipnose.

Talvez o simples fato de inserir detalhes em uma história poderá fazer dela algo marcante para certas pessoas. Ao pensar em contos, histórias, fábulas, poemas e metáforas, podemos determinar um contexto e provocar um impacto com nossa mensagem através de elementos emocionais e que causam geralmente a elicitação dos modelos de mundo de cada pessoa.

Aqui em um pequeno exemplo de como criar

uma mensagem dentro de uma metáfora:

> *Quando num instante ele parou e subitamente olhou para o céu, avistou aquela imensidão, e uma cor serena tomou todo o seu corpo como uma cascata caindo e limpando todas as impurezas de sua alma. Uma sensação de calma e tranquilidade foi imediata, e ele sentiu-se como se estivesse dentro do mar, agora como se fosse parte da cor que colore todo o oceano. Sentiu-se totalmente energizado e revigorado.*

Neste exemplo exploramos o estímulo visual de uma cor sem necessariamente indicar qual seria, talvez fosse o azul, mas sem fazer uso desta palavra. Ainda assim, as interpretações e sensações provocadas irão variar de pessoa para pessoa.

As metáforas são também uma forma de contar histórias com o objetivo de conduzir um indivíduo à um transe hipnótico. Isso é chamado de hipnose conversacional, e nada mais é do que um contador de histórias que provoca no outro uma reação à maneira com que a história é contada. A ideia passa por despertar como o desenrolar dos fatos vão acontecendo, e provocar o engajamento do outro naquilo que o enredo propõe para a pessoa que escuta a metáfora ou história.

Esse exercício de criar mensagens nas entrelinhas de uma história pode ser uma tarefa consciente ou inconsciente. Quando direcionada é comum que existam elementos na história que trate de influenciar diretamente a pessoa frente à um objetivo bem específico.

Não é incomum observar imagens e elementos visuais nas histórias e mensagens, principalmente quando contadas no contexto da hipnose. Isso acontece porque nós respondemos muito melhor à imagens ou estímulos visuais.

Ainda que na construção de uma mensagem eficiente, os elementos que causem impacto nos sentidos auditivos, de sensação e até gustativo ou olfativos são bastante relevantes. E isso é simplesmente pelo fato de que a experiência de percepção é melhor aguçada e estimulada quando todos os sentidos são envolvidos.

A provocação de um transe hipnótico é também um agente relevante nesse contexto, principalmente pelo fato de que é possível incluir comandos embutidos nas mensagens, metáforas ou histórias contadas quando acontece uma comunicação ou indução informal ao processo de transe hipnótico.

Sendo possível com a criação de mensagens embutidas alcançar não somente o transe, mas também a programação ou reprogramação mental dos indivíduos envolvidos no processo da hipnose.

Todo o processo é relativamente simples, passa por uma identificação das mensagens chaves a serem transmitidas, a contextualização dessas mensagens frente aos objetivos estabelecidos para a interação ou transe, e uma adaptação da linguagem para conseguir respostas conscientes ou inconsciente durante a aplicação da mensagem.

Dennis P. Kimbro diz que *"a vida é 10% do que acontece conosco e 90% como reagimos a ela."*. Na vida passamos por muitas emoções, e cada uma das quais experimentamos durante as nossas várias experiências, são como aquelas mensagens instantâneas de computador, totalmente pessoais e cheias de possibilidades de interpretação.

Às vezes, emoções diretas e precisas, outras totalmente duais, sem claramente especificar o assunto. É difícil suportar as dores quando as emoções são negativas, mas, se os pensamentos de alguma forma forem focados em coisas boas, ou que tragam sentimentos positivos, as emoções são resignificadas em comportamentos positivos, cheios de vida e luz.

Todos nós somos responsáveis por quaisquer comportamentos que manifestamos, pelas emoções, sentimentos e pensamentos que carregamos. Sempre reforço a ideia de que pensamento é diretamente responsável pelo sentimento, o qual por sua vez é fonte de motivação de todos nossos comportamentos.

É através da manifestação dos pensamentos, e da sintonia com o que acontece a cada momento inexorável da vida, que exercitamos nossa faculdade de autocontrole. Cada uma das mensagens captadas durante a comunicação entre as pessoas, surgem como resposta às maneiras de como cada indivíduo se permite reagir às suas próprias percepções de realidade.

O alinhamento entre o interlocutor e receptor joga fator importante na arte de entregar uma mensagem com precisão, e ainda mais na tarefa de interpretar sem subjetivismo e na mesma intenção da mensagem.

Entre várias mensagens que comunicamos, faz-se importante alinhar a expectativa do receptor com relação à nossa própria motivação de comunicar; deixar claro aquilo que propomos comunicar, faz toda a diferença.

É no florir e colorir da mensagem, na validação da resposta, ao adicionar cores e sabores ao significado de nossa comunicação, que surgem as dúvidas e interpretações diferentes. Cada um de nós temos uma percepção única com relação ao que determinamos como realidade, e entregar a mensagem de maneira precisa e direta facilita o entendimento de algumas pessoas.

Algumas pessoas demandarão determinados tipos de habilidades que podem ser considerados relativamente difíceis de controlar. Isso porque a comunicação direta exige o conhecimento prévio de como o receptor percebe aquele contexto e mensagem a ser entregue.

Quando utilizamos de recursos que facilitam nossa comunicação, tais como padrões de linguagem, elementos mecânicos e de suporte como imagem e vídeo, e tantos outros; ainda assim, resta espaço para diferentes interpretações entre várias mensagens.

O Cérebro: uma poderosa ferramenta

"Você está hoje onde seus pensamentos trouxe você;
você estará amanhã onde seus pensamentos levá-lo."

— *James Allen*

Por muitos anos tenho tentado juntar todos os estudos e experiências que vivi, a fim de buscar uma ferramenta que permita aprendizado acelerado, produção de estados de excelência e desenvolvimento amplo da consciência.

Percorri vários e interessantes caminhos, e encontrei muitas placas, sinais, pessoas e recursos que me ajudaram e desafiaram nessa estrada. Ouvia falar de alguma coisa mágica e talvez mesmo por soar como magia eu ia lá conferir. Outras vezes como se eu estivesse hipnotizado, corria lá para entender, e no final sentia que cada nível que eu passava me levava do meu estado atual até onde eu talvez nunca estarei, mas que também tem sido um forte estímulo nessa minha jornada de aprendizagem.

Enfim, de metáforas em metáforas eu aprendi o que é hipnotizar e ser hipnotizado, e também o que há de bom nisso tudo. Aprendi que a programação neurolinguística é muito mais do que seus pressupostos e que "terapia" sem motivo não leva a lugar nenhum, assim também como o entendimento de que energia sem ser canalizada não beneficia nada e nem ninguém.

Portanto, ao encontrar o primeiro espelho que me fez enxergar uma realidade mais do que cruel, imperfeita, ou totalmente contrária às minhas crenças pré-estabelecidas; me trouxe a chance de tomar consciência de mim mesmo. De minhas limitações e fortalezas frente à uma ferramenta que eu apenas descobria: o manual não escrito do meu cérebro.

Percebi que tudo o que eu processava consciente ou inconscientemente não estava escrito em lugar algum. Eu precisava identificar os meios mais eficazes de como fazer uso do meu próprio cérebro, porém sem um manual que me indicasse como obter o melhor benefício em cada momento dado.

Como já existia numa única ferramenta, que

não precisava mais ser explicada (apesar de ainda haver incansáveis tentativas de o fazê-lo), e que não dependia de nenhuma caminhada para fora de mim mesmo, pois eu já a possuía, porém agora claramente atento ao meu próprio cérebro e suas capacidades.

As possibilidades eram tantas que o conhecimento precisava acompanhar de alguma maneira a intenção de entender como fazer uso dessa poderosa ferramenta que é meu cérebro. E nessa jornada de buscas incessantes por conhecimento e entendimento, é que identifique na neurociência elementos que facilitam e dão norte para o manual não escrito de nossa máquina cognitiva pensante.

Na frase que sustenta o subtítulo desde capítulo, James Allen propõe o conceito de o pensamento ser o transporte entre o seu passado, presente e futuro. Nossos pensamentos são formados, assimilados, processados e entendidos de maneira cognitiva em nosso cérebro.

Toda essa energia que percorre as múltiplas vias neuronais das que dispomos é um privilégio ao mesmo tempo que é um desafio para entender e estimular constância de interação.

Exercitar o cérebro aumenta as chances de uma vida saudável em vários aspectos. E não me refiro necessariamente à exercícios mentais isolados, nem tão pouco à ideia de que o cérebro pode ser considerado como dotado de um hemisfério direito-criativo e esquerdo-racional. Mas sim, como um dos mais espetaculares computadores biológicos que a natureza deu de presente para nós seres humanos.

Na teoria do cérebro trino, ou dos três cérebros, sugerida por Paul MacLean há uma proposta interessante de que teríamos, nós humanos, um cérebro racional chamado de neo-córtex e que é o responsável por nossas decisões lógicas. Também um cérebro emocional responsável por nossas sensações, e que seria constituído por hipotálamo, tálamo e epitálamo. Por último, teríamos um cérebro reptiliano, responsável por nossas ações e reações instintivas ou de sobrevivência.

Dentre as várias teorias, o certo é que temos uma ferramenta extremamente poderosa na condução das nossas capacidades físicas, mentais e condutor de todos os nossos potenciais.

Pensar e Criar

"Muitíssimas pessoas pensam que estão pensando quando estão apenas rearrumando seus preconceitos"

– William James

Nossos pensamentos guiam nossos destinos de uma maneira muitas vezes desconhecida conscientemente. Temos a sensação de ter controle sobre os nossos sentimentos e também sobre os nossos comportamentos, quando na verdade o que está acontecendo a todo o tempo é uma reação contínua aos nossos pensamentos.

O que determina nossos comportamentos e sentimentos são nossos próprios pensamentos. Assim, tente encontrar um pensamento primitivo, algo novo e que apenas você criou, e então observe um pouco mais, analise e descobrirá que esse pensamento é fruto de algo já existente, ou mesmo da junção do que já tem uma vida própria na sua estrutura psicológica.

Estamos criando pensamentos novos a todo instante, ainda assim, isso acontece a partir de alguma lembrança ou referência a algum pensamento já pré-existente. O que acontece é um processo de associação e generalização frente às coisas que experimentamos, tanto em forma de pensamentos ou mesmo de comportamentos.

Se resgatarmos a ideia de que aquilo em que manifestamos nossos pensamentos determinarão a origem de nossos sentimentos e dessa maneira, poderão influenciar os nossos comportamentos, poderíamos refletir sobre a influência direta dos nossos pensamentos em tudo aquilo que acontece em nossas vidas.

Às nossas emoções também podem alterar nossos pensamentos, ainda assim, acredito que nosso pensamento tem poder muito maior em modificar de forma imediata qualquer um de nossos comportamentos. E talvez o que muitas vezes fazemos é apenas construirmos contextos para esses nossos novos pensamentos, ou mesmo de pensamentos pré-existentes, para assim permitir que adquiram vida própria.

Nossas emoções são, portanto, apenas

manifestações desses nossos pensamentos. A dor, por exemplo, é da mesma forma produto de nossa reação ao que os nossos pensamentos nos brindam a cada momento.

Saber o que se quer, de forma específica e sem nenhuma sombra de dúvida, requer um exercício mental e de concentração tremendo e que nem todas as pessoas estão dispostas ou até, dispostas a se comprometerem.

O perigo em deixar que as coisas aconteçam sem nenhum controle, ou seja, a pura manifestação do pensamento como causa de qualquer comportamento ou sensação manifestada. Penso isso como sendo produto da mera comodidade daqueles que preferem não pensar.

Saber o que se quer sentir, dependerá muito mais de como ativamos e direcionamos nossos pensamentos, do que de nossas tentativas de entendermos as coisas, os fatos, ou ainda mesmo, nossos comportamentos; sejam aqueles que estivermos buscando demonstrar ou criar.

Seu pensamento se transformará no comportamento que você queira manifestar. Portanto, o que você pensou ou está pensando agora mesmo, pode se transformar num comportamento; positivo ou negativo, isso dependerá completamente de você, e por isso é bom sempre pensar coisas boas.

Pensar e criar é, em última instância, poder fazer uso de nossas capacidades de manifestar nossos pensamentos e com isso criar o contexto e os resultados que buscamos. Por isso, fazer as coisas com o coração, agir com emoção, explorar nossa criatividade e direcionar nossa vontade, é como dar um passo rumo a busca da felicidade.

Alcançar a sensação de autocontrole

"Uma das maneiras mais importantes para manter a sensação de controle na sua vida é simplesmente saber quando você realmente perdeu o controle e quando não. Frequentemente, as pessoas se sentem fora de controle quando na verdade não estão."

— *Dharma Singh Khalsa*

Refletindo a questão da sensação de controle, eu diria que o estado automático em que vivem muitas pessoas, fazem delas muitas vezes refém de suas próprias crenças.

Quando falamos em crenças, falamos exatamente daquilo que acreditamos ser verdadeiro ou real de acordo com nossa percepção de realidade. Ou seja, opiniões adotadas com fé e convicção.

É nesse contexto que alguns dos mais

importantes eventos de nossas vidas estão envolvidos. Assim, quando algum evento negativo acontece em nossa vida, essas experiências podem facilmente converter-se em interpretações de nossos valores e das crenças que estabelecemos a cada momento.

Um dos fatores de maior impacto no que tange a questão do autocontrole é justamente nossa capacidade de controle emocional. Daniel Goleman, propôs com a teoria da inteligência emocional, que os seres humanos dispõem de algumas habilidades emocionais e que a incapacidade de lidar com as próprias emoções pode dificultar ou até destruir algumas vidas.

Pelas emoções seriam explicados muitos de nossos comportamentos, e que são justificados por um simples argumento de que nossa mente emocional seria mais rápida do que a mente racional. Logo, seríamos levados à tomar decisões muitas vezes fazendo uso dessa capacidade emocional sem tomar o devido tempo de análise ou racionalização das decisões.

Adicione isso ao fato de que as decisões emocionais são muitas vezes ligadas ao instinto de sobrevivência, e de que nossas percepções do mundo exterior contribuem para manter ou destruir a harmonia dos nossos comportamentos.

Quando há crenças que limitam o fluxo normal de nossas vidas, também nos vemos impactados com relação à geração de novos conhecimentos, com a prevenção da descoberta de novas oportunidades de aprendizagem, e sobretudo podemos nos encontrar limitados na tomada de qualquer decisão que se encontre no caminho destas crenças.

Dentro da ideia de controlar nossos pensamentos e emoções para atingir o nível de autocontrole desejado em todos os momentos de nossas vidas, torna-se importante entender que podemos fazer uso de recursos internos ou externos. Explicando melhor sobre esses recursos, me referirei à meditação, contemplação, *auto-hipnose*, *mindfulness* ou outros meios.

A auto-hipnose, por exemplo, é um meio bastante eficaz de manter contato consigo mesmo através da conversa direta com o inconsciente. Umas das maneiras de alcançar isso é fazendo uso dos recursos de relaxamento e transe auto-hipnótico. Durante a auto-hipnose é possível entregar instruções para aumentar o autocontrole emocional e potencializar as próprias capacidades de lidar com situações complexas e de alto impacto emocional.

Também é possível rever algumas experiências

que são consideradas negativas, e do início ao fim, fazer com que toda a nossa resposta emocional ocorra de maneira positiva.

Outros recursos como a meditação pode literalmente ser um elemento chave na busca do autocontrole. Quando através da nossa mente, podemos aumentar e intensificar nossa concentração em nós mesmos, ou ainda contemplar algo que nos permita vivenciar a realidade e todos os seus aspectos de uma maneira mais divina, isso abre nossa mente para conexões com autodisciplina e até o despertar de uma nova consciência.

A consciência plena ou mindfulness é talvez o estado mental que mais se aproxima da ideia de alcançar a sensação de autocontrole. Ao tomar consciência dos próprios processos mentais e de nossas ações, podemos literalmente provocar mudanças positivas em nós mesmos. O filósofo Irlandês, William Desmond, define o "eu" no sentido de consciência plena como a generosa acomodação e harmonia com o que nos é dado.

Esta é a beleza do uso das crenças e de nossas capacidades em estabelecer uma sensação de autocontrole e autoconsciência através da mudança destas mesmas crenças.

Equação da Mudança

*"A nossa vida é aquilo que os nossos pensamentos
fizerem dela."*

– Marcus Aurelius

A Hipnose é uma equação para cada pessoa. O hipnólogo deve ser capaz de desenvolver os métodos e estratégias que se adequem a qualquer indivíduo, senão o processo de conseguir o transe hipnótico se tornará mais complexo.

Uma mudança nunca é uma questão de habilidade e sim de motivação. Para chegar a qualquer lugar é condição importante ter um mapa de referência que facilite o entendimento prévio do roteiro e da navegação requerida, e também para criar a motivação em seguir o caminho até o destino desejado.

Dentro dessa ideia de sair de um ponto e

alcançar um destino qualquer, muitas vezes um dos aspectos mais importantes é o planejamento prévio ao início da navegação. Assim que reconhecemos onde nos encontramos, ou o que chamarei de estado atual, podemos realizar a identificação daquilo que nos falta para chegar até nosso objetivo final; e para isso o uso de um mapa como referência faz toda a diferença.

Voltando ao contexto da hipnose, quando tratamos de conseguir provocar um estado hipnótico adequado em alguém, é condição *sine qua non* que tenhamos ao menos os elementos base de conhecimento para poder saber identificar as variáveis que são demonstradas pelo indivíduo durante o processo da condução da hipnose.

Essas variáveis são consideradas numa fórmula, ou o que aqui eu chamo de equação da mudança. São os detalhes no processo de provocar mudanças que se assemelham mais à uma fórmula matemática, uma espécie de equação que cada indivíduo requer. As variáveis são muitas e cada pessoa traz consigo as pistas daquilo que precisa ser considerado na equação.

Quando estamos prontos para mudanças, o processo tende a acontecer de forma natural e direta. Entretanto, em algumas situações não identificamos o caminho adequado, a resposta necessária, ou as ações a serem tomadas. São muitas as condições para permitir que a mudança realmente aconteça, e é isso à que me refiro como variáveis da equação.

Portanto, é importante identificar modelos de referência que descrevam de maneira fiel, os passos requeridos para mudanças que ainda não pudemos experimentar; principalmente quando do auxílio aos outros.

A emoção sempre prevalece sobre a razão, e a imaginação sobre a vontade. Assim que um bom exemplo para aplicação em hipnose são as metáforas, e claro, recomendo aqui o princípio de que é melhor provocar interação e evitar reação, ao custo de dificultar mudanças positivas.

Em geral, observar como a pessoa quer ser hipnotizada, e trabalhar bem o tom de voz facilita muito para conseguir colocar alguém em estado de transe hipnótico. Ser criativo é a chave para alcançar a melhor estratégia enquanto hipnólogo, hipnotista ou hipnoterapeuta.

Pode ser bastante complexo, para algumas pessoas, conseguirem resolver a fórmula da mudança se estas não tiverem passado por mudanças em si mesmo. A ideia é que sem a experiência de mudanças, podemos considerar que somos ignorantes ou desconhecedores dos resultados que poderiam provocar as tentativas de mudanças que ainda não fizeram parte de nossa estrutura psicológica ou física.

Ainda que não há implicações que podem ir além da simples aceitação e decisão de mudar, a receita é mesmo tomar ações massivas e genuínas de transformação daquilo que se pretenda mudar. E quando ajudando outros a alcançarem tais mudanças, é necessário direcionar o trabalho tendo como base essa premissa básica.

A superação das limitações que impedem qualquer mudança tem nessa equação, a fórmula para mudança: *decisão* mais *reconhecimento do estado atual* mais *mapa até o estado desejado* mais *ação imediata e constante.*

A observação e a realidade

"Nós não cessaremos de explorar
E o fim de toda nossa exploração
Será chegar onde nós começamos
E conhecer o lugar pela primeira vez."
— *T.S. Eliot, Four Quartets*

Todas as vezes que vamos a algum lugar bastante movimentado, aqueles lugares bem cheios de gente, podemos observar o quanto existem pessoas com comportamentos estranhos aos nossos.

Você já foi a algum destes lugares e parou para observar as pessoas? Se nunca fez isso, experimente! Acredito que poderá aprender muito sobre o comportamento das pessoas que observar e talvez até sobre você mesmo.

As pessoas tendem a adotar comportamentos completamente diferentes, cada um com seu jeito, sua forma de expressão, e maneiras próprias de se fazerem entender.

Segundo Niels Bohr, *"nossa tarefa não é penetrar na essência das coisas, cujo significado de qualquer forma desconhecemos, mas sim desenvolver conceitos que nos permitam falar de modo produtivo sobre os fenômenos da natureza."*. Entendo que ao desenvolver conceitos para facilitar nossa própria maneira de expressarmos sobre o contexto em que nós nos encontramos, os comportamentos que temos, os padrões de pensamentos que manifestamos frente ao que observamos, e até mesmo como aquilo que acontece de maneira externa, pode afetar nossas condições internas – nossa representação da realidade.

É melhor ter escolhas do que não dispor delas, e isso é algo muito positivo. A maioria das pessoas querem ter alternativas frente a qualquer questão que aparecera em suas vidas. O ato de observar permite que ampliemos nossas opções de escolhas.

Quando juntamos a identificação dos nossos padrões de pensamentos e as escolhas que aparecem em nosso caminho, nossas capacidades de criar realidades são facilitadas e novas opções abrem caminho para tomadas de decisões com melhor qualidade, entre tantas outras coisas que de maneira positiva afetam nossa vida cotidiana.

Conforme Maria Montessori, *"não podemos criar observadores dizendo 'observar', mas dando-lhes o poder e os meios para esta observação e estes meios são adquiridos através da educação dos sentidos."*. Estimular algum dos nossos sentidos sensoriais facilita a expansão da nossa percepção e consequentemente quando fazemos isso de maneira consciente, literalmente podemos trabalhar a educação dos sentidos.

É na capacidade de observar que encontramos e identificamos nossa própria imagem, a ideia sobre nós mesmos, e também sobre o contexto em que estamos inseridos a cada momento. Nesse processo de observar ao nosso redor, perceber as interações de uma forma mais ampla, podemos garantir uma visão e uma percepção holística de tudo aquilo que provocamos aos demais, além daquilo que acontece à nós mesmos.

O exercício de observar requer apenas paciência e consciência ampliada dos eventos que acontecem a cada momento em nossa realidade. Devemos estar atentos ao que acontece e antever como a reação aos eventos afetam nossa percepção e a própria condição de atenção ao estado atual, de envolvido ou de testemunha do que acontece.

Quando estamos participando diretamente do que percebemos, somos envolvidos. Enquanto que ao observar e manter essa posição, passamos à condição de testemunha. Dessa maneira, tendemos a ter outras alternativas, e com isso podemos tomar melhores decisões e também, direcionar nossas capacidades de maneira eficiente e eficaz.

Maxwell Maltz, em 1960, trouxe através do seu livro psicocibernética uma proposta que se consolidou com a fundação de mesmo nome. A proposta é basicamente a de um sistema de controle e comunicação em máquinas e animais, e fundamentalmente traz o conceito do homem reduzido a ideia de uma máquina ou da mesma forma ao computador. O que seria a inteligência artificial atual, e toda a tecnologia que temos disponível no mundo moderno, senão um pouco do que propôs Maltz?

Eu poderia arriscar a dizer que nós adquirimos nossa autoimagem através de nossas crenças, daquilo que pensamos sobre nós mesmos, que nascem em nós de acordo com nossas experiências passadas de sucesso e falhas, e de como outros nos percebem.

Qualquer tecnologia de autoajuda ou proposta

de motivação parte do conceito da definição de objetivos e talvez tenha sido Maltz com sua Psicocibernética quem primeiro explorou esse assunto de maneira direta. Assim, se refletimos sobre as possibilidades do homem como uma máquina, podemos fazer um paralelo com a linguagem de programação que permite ao computador executar algo útil e entendível pelos humanos. As linguagens tendem a ser, em sua maioria, sequenciais e lógicas, estruturadas e baseadas também em objetivos.

Se partirmos do pressuposto de que ao observar nossas próprias ações e condutas, podemos identificar um mapa de onde estamos frente aos objetivos que desejamos alcançar. Ao mesmo tempo de determinar os objetivos futuros, podemos através da reprogramação mental, criar novos padrões, novos meios para facilitar e potencializar os resultados desejados.

A programação mental é um mecanismo que permite resignificar experiências e padrões de pensamentos, e com isso alcançar rapidamente mudanças positivas e duradouras. Esse processo não requer uma observação ativa dos nossos processos internos de representação da realidade. Porém, é sobre a maneira como nós estruturamos a realidade e formamos nossas crenças e tomamos decisões que nos afetam negativamente, limitando nosso futuro, é que se realiza o trabalho.

Normalmente é na identificação da causa, na raiz do problema manifestado, que observamos o que precisa ser modificado em termos de significado, sentimento ou sensação. Ao eliminar as respostas emocionais negativas enfrentadas para cada situação limitante, os resultados são de mudanças positivas e imediatas.

Consequentemente, ao observar, controlamos o curso da nossa própria vida.

Percepção

"As coisas não têm significado.

Nós atribuirmos significado a tudo."

— *Tony Robbins*

Enquanto em estado de transe hipnótico, o indivíduo pode experimentar sensações que vão além dos conhecidos cinco sentidos. Muitas vezes a hipnose facilita a manifestação de uma percepção maior, eu diria até uma extra-percepção por conta da capacidade inconsciente que fica aflorada durante o transe.

Eu diria que **toda percepção é uma projeção**, e que **toda percepção é uma ilusão** em última instância.

Sobre percepção eu gostaria de poder aqui ampliar ainda mais essa ideia, a fim de esclarecer visões além do modelo cartesiano e explorar um pouco mais sobre a minha visão metafísica.

Então eu gostaria, não agora, mas depois de pedir a você que entre em contato com seu interior, com seu eu. E perceba como a vida é para você, quais são suas capacidades? No que você acredita? Qual sua missão de vida? E quando estiver lá, diga a si mesmo para encontrar um caminho que te ajude a chegar sempre onde você quiser chegar.

Se fizer o que proponho acima, poderá perceber seus níveis lógicos e responder a si mesmo algumas perguntas que transcendem a percepção consciente.

Ainda quando criança, me recordo de quando fui para um retiro espiritual de três dias numa fazenda próxima à cidade onde morávamos. Havia um grupo responsável pela comida, outro por manter a ordem, além dos palestrantes que davam seus testemunhos e através de suas experiências de vida, nos transmitiam suas mensagens.

Recordo-me muito bem da emoção de muitos ao receberem cartinhas de suas famílias, e mais ainda, de quando no final dos três dias de retiro as nossas famílias vieram nos receber. Como dá saudade ficar longe de alguém que gostamos, não é mesmo?!

Hoje consigo experimentar as mesmas sensações daqueles três dias, basta direcionar meus pensamentos e perceber as lembranças aparecerem junto à meus sentimentos sobre cada um daqueles dias. É um misto de saudade batendo forte, de entusiasmo e alegria com ânimo que dá para enfrentar quaisquer obstáculos que possam aparecer na minha frente. Outras vezes me sinto como se estivesse algum palestrante falando ao longe, o som sumindo, e talvez sejam lembranças daquelas horas após o almoço em que o sono inevitavelmente surgia.

Recordações, memórias e lembranças ajudam a ampliar nossa percepção de realidade, ao mesmo tempo que cada percepção é uma projeção de uma ilusão criada por nosso próprio mapa de mundo. Criamos experiências na tentativa de materializar qualquer manifestação de ilusão. Entendo que existe um meta-modelo de linguagem que permitem que nós criemos nossos próprios mapas do mundo que percebemos.

Procure entender o que acontece agora e saber qual o seu estado atual ou da pessoa com quem interagir, para assim entender o que o fez criar ou contribuiu para o problema ou situação em que se encontra. Ajude a desenhar o objetivo da mudança, e para isso tenha claro o que precisará para chegar ao resultado desejado.

Lembre-se, perguntas de qualidade irão invariavelmente entregar respostas de qualidade.

Existem muitas técnicas para "alterar" o sistema individual de crenças, em especial nos casos onde o "sistema" é considerado como o modelo individual de mundo. Quero aqui referir diretamente ao mapa que cada pessoa carrega como percepção do mundo, e que representa a realidade para o indivíduo.

Entender que somos os responsáveis em controlar nossas percepções do mundo exterior é condição crítica no que tange à controlar como reagimos ao que acontece à nós, e assim poder direcionar nossos próprios recursos rumo a uma vida sem ilusões.

Steve Alford diz que *"cada pessoa tem uma visão diferente da imagem de outra pessoa. Isso é tudo percepção."*. Assim, todo comportamento é uma expressão de processos neurológicos internos, portanto, carrega informações sobre esses processos. Todo comportamento é uma forma de comunicação e muitas vezes dependente em nossa percepção periférica.

De acordo com Merleau-Ponty (1945) "a percepção não é uma ciência do mundo, não é nem mesmo um ato, uma tomada de posição deliberada; ela é o fundo sobre o qual todos os atos se destacam e ela é pressuposta por eles." Então falar em percepção periférica é tão amplo quanto a própria definição desse conceito. Talvez uma metáfora que represente a tal percepção seja: Num dado momento nosso universo se expande e o que percebemos é muito além daquilo que conseguimos enxergar com nossos olhos.

Tenho modelado algumas estratégias de pessoas com excelência em determinadas áreas, as quais busco aplicar na minha própria estrutura. Entendo que desenvolver as possibilidades em alguns campos ainda não explorados fazem parte desse desafio, e muitas vezes saber entender e ser flexível para absorver as mudanças, são comportamentos que demanda uma percepção ainda mais ampla.

Na programação neurolinguística (PNL) os conceitos de metamodelo de linguagem, padrão de comportamento, modelagem e mudança acelerada são temas bastante discutidos nos treinamentos a fim de facilitar a assimilação dos pressupostos básicos da neurolinguística. Ainda assim, nos processos de mudança através da PNL, os padrões de linguagem fazem toda a diferença quando empregados, uma vez que estes promovem mudanças profundas e eficazes.

Muitas vezes não nos damos conta de que o

que estamos pensando ou fazendo é produto de nossa própria intenção. Alguns até dirão que tudo não passa de resultados de ações prévias que consciente ou inconsciente determinaram nossos resultados.

Para qualquer ação provocada, acredito ter havido uma intenção inicial; portanto, é neste aspecto principal que todo nosso comportamento pode ser considerado.

Comportamo-nos muitas vezes de maneira automática e involuntária, sem ao menos perceber a causa primária de nossos comportamentos.

EU superior e o autoconhecimento

"Sei que meu Eu superior está sempre prestes a alçar-me além do mundo que experimento com meus sentidos."

– Dr. Wayne Dyer

Quando falamos sobre autoconhecimento, nos recorremos literalmente às chaves da evolução pessoal através da libertação do ego.

Em seu livro "Seu EU Sagrado", Dr. Wayne Dyer diz: *"A autêntica liberdade não pode ser adquirida ou achada fora de você. Não há como descobrir 'isso', tão esquivo, no dinheiro, na fama, no prestígio, nas posses, nem sequer na família.".* Analisando esta frase podemos observar que o Ego nos deixa cegos para o verdadeiro eu, pois nossa verdadeira essência é ocultada por todas as falsas impressões que temos do mundo exterior.

Uma das propostas nesse sentido é ampliar a

visão do que chamamos de 'posição de testemunha', que em suma seria uma metáfora representacional sobre a nossa condição de observador daquilo que experimentamos como realidade. É como se nos colocássemos numa posição observadora e a partir deste prisma, como uma testemunha, observássemos o que acontece em nossa vida, e pudéssemos vislumbrar quais são os comportamentos que manifestamos em cada momento, ao passo que perceberíamos cada uma de nossas ações ou reações.

Pense nos impulsos que o Ego lhe força a ter todos os dias, e tente observar sua reação à cada um e em cada momento. Procure manter-se numa posição de testemunha em todos os aspectos do teu cotidiano e encontre respostas para a conversa que seu Eu interior está tratando de estabelecer contigo.

Um dos desafios que enfrentamos ao tratar de embarcar nessa viagem rumo ao nosso Eu superior, é vencer o desafio de tomar a decisão de sermos livres de fato. Falo aqui de uma forma de liberdade que é relativa ao seu propósito de vida, e da consciência de que a felicidade está dentro de si e não em elementos exteriores.

Outra batalha que encontramos no caminho da jornada sagrada rumo ao descobrimento do Eu superior, é o reconhecimento das limitações que nosso passado nos impõe, e da luta em libertar-se das crenças limitantes que já não nos ajudam a seguir adiante.

Quando alcançamos um estágio superior ou evoluído de consciência, é comum observar que já não há mais dúvidas inquietantes quanto à nossa capacidade de manter autocontrole. É notório que passamos a valorizar nossa capacidade de adotar a postura de testemunha sem sentirmos nenhuma dependência ou pressão de diálogos interiores. Aliás, nesse nível já nos sentimos e realmente nos encontramos livres das amarras do ego.

Os níveis de identidade do nosso ego podem abrir margem para crescimento ou estagnação em cada etapa de evolução. A questão mais relevante quanto à isso é o comprometimento requerido para atingir à transcendência de identidade, e que passa por abandonar estados de angústias e alcançar a paz, livrar-se do medo e aceitar a sublimação do amor. De uma profunda abdicação do que é exterior em função da nossa essência interior, e da nossa habilidade em transformar a maldade do ego em tolerância e caridade.

Perceba a si mesmo em uma posição de observador; assuma sua própria condição de testemunha da sua vida. Adote essa postura e passe a controlar literalmente o curso de sua vida, pensamentos, comportamentos e as suas decisões.

O processo é contínuo e requer compromisso, prática e aceitação, porém, é possível e os resultados são encantadores. Permita-se encontrar o seu Eu superior.

Bibliografia

A lista de livros a seguir representa uma compilação razoável para consulta, referência e aprofundamento sobre as reflexões e os assuntos discutidos neste livro.

Adams, Paul; *Ajuda-te pela Nova Auto-Hipnose.* Edições Ibrasa, 1978.

Akstein, David; *Hipnologia.* Editora Hypnos, 1973.

Albuquerque, Medeiros e; *Hipnotismo.* Livraria Editora Leite Ribeiro, 1926.

Bandler, Richard; *Usando sua mente: as coisas que você não sabe que não sabe.* Summus Editorial, 1987.

Bernhart, Dr. Roger & Martin, David; *Autodomínio através da Auto-Hipnose.* Editora Record, 1977.

Bierach, Alfred; *Ajuda pessoal pela Auto-Hipnose.* Edições de Ouro, 1981.

Braid, James; *Neurypnology or the Racional of Nervous Sleep considered in relation to animal magnetism or mesmerism,* 1843. http://archive.org/details/braidonhypnotism00brai

Caprio, Dr. Frank S.; *La Salud por la AutoHipnosis.* Leude, 1986.

Caprio, Dr. Frank & Berger, Joseph R.; *Curando-se com a Auto-Hipnose*. Editora Pensamento, 1998.

Chertok, Léon. & Stengers, Isabelle; *O coração e a razão: a hipnose de Lavoisier a Lacan*. Jorge Zahar Editor, 1990.

Curcio, Michele; *Auto-Hipnose*. Editora Ridiel, 1990.

Dienes, Z, & Perner, J.; *Executive control without conscious awareness: the cold control theory of hypnosis*. Chapter 16, 2006.

Dilts, Robert & Hallbom, T. and Smith, S.; *Crenças: caminhos para a saúde e o bem-estar*. Summus Editorial, 1990.

Dunn, Lee; *Learning and Teaching Briefing Papers Series*, Oxford Centre for Staff and Learning Development OCSLD. June, 2002.

Dyer, Dr. Wayne; *Se EU sagrado*. Nova Era, 1997.

Elman, Dave; *Hypnotherapy*. Westwood Publishing Company, 1970.

Elman, H. Larry. *Blueprint of the Dave Elman Induction*. Dave Elman Hypnosis Institute, 2011.

Erickson, Milton H. & Rossi, Ernest Lawrence; *O homem de fevereiro*. Editorial Psy, 1994.

Erickson, Milton H. & Hershman, Seymour and Secter, Irving I.; *Hipnose Médica e Odontológica: Aplicações Práticas*. Editorial Psy, 1994.

Ewin, Dabney. *101 Things I Wish I'd Known When I Started Using Hypnosis*. Crown House Publishing Ltd, 2009.

Freese, Dr. Arthur S.; *Como a Hipnose Pode Ajudar Você*. Editora Pensamento, 1986.

Furst, Arnold; *Hipnotismo e Auto Hipnotismo de Indução Rápida*. Editora Record, 1982.

Gazzaniga, Michael S., Richard B. Ivry, and G. R. Mangun;

Cognitive neuroscience: the biology of the mind. New York: W.W. Norton, 2009.

Graham, Sarah; *Scans Show How Hypnosis Affects Brain Activity*, June 28, 2005.

Girardi, G. (2003, Maio). *Hipnose, a velha arte sai do armário.* Revista Galileu.

Goldberg, Dr. Bruce; *Secrets of Self-Hypnosis.* New York, Sterling Publishing, 1997.

Grinder, John & Bandler, Richard; *Patterns of the hypnotic techniques of Milton H. Erickson: volume 1.* Grinder & Associates, 1975.

Grinder, John & Bandler, Richard; *A estrutura da magia: um livro sobre lingagem e terapia.* LTC, 1977.

Grinder, John & Bandler, Richard; *Atravessando: Passagens em Psicoterapia.* Summus Editorial, 1984.

Hochlem, Marcos; *Cristo: O Hipnotizador.* Livrarias Exposição do Livro, 1962.

Hossri, Cesário Morey; *Treinamento Autógeno e Equilíbrio Psicotônico.* Editôra Mestre Jou, 1970.

Jacobson, Edmund; *Relax: Como Vencer as Tensões.* Editora Cultrix, 1981.

James, Tad & Woodsmall, Wyatt; *A terapia da linha do tempo: e a base da personalidade.* Editora Eko, 1989.

Khalsa, Dharma Singh; *Longevidade do Cérebro*, Editora Objetiva, 1997.

Kroger, W.; *Clinical and experimental hypnosis in medicine, dentistry, and psychology* (2d ed.). Philadelphia: Lippincott, 1977.

LeCron, Leslie M.; *Auto-Hipnose.* Editora Record.

Les Brann, Jacky Owens, and Ann Williamson Wiley-Blackwell; *The Handbook of Contemporary Clinical Hypnosis: Theory and Practice*. 2011, 652 pages.

Lucírio, I., & De Oliveira, L. (1998, Maio). *Hipnose*. Revista Super Interessante.

Lynn, S., & Kirsch, I.; *Essentials of clinical hypnosis: An evidence-based approach*. Washington, DC: American Psychological Association, 2006.

Lynn, S. (2010). *Handbook of clinical hypnosis* (2nd ed.). Washington, DC: American Psychological Association.

Martin Reiser, Ed. D.; *Handbook of Investigative Hypnosis*. LEHI Publishing Co., 1980.

McClain, Florence Wagner; *Guia Prático de Regressão à Vidas Passadas*. Edições Siciliano, 1989.

McGill, Ormond; *The new encyclopedia of stage hypnotism*. Crown House Publishing Limited, 1997.

Mckee, Lex; *The Accelerated Trainer – Using Accelerated Learning Thecniques to Revolutionize Your Training*. Gower Publishing Ltd, 2004.

Mercader, Alberto Bermejo; *Hipnosis y modificación de conducta*. Alicante, 2009.

Merleau-Ponty, M. (1994). Fenomenologia da percepção. São Paulo: Martins Fontes. *(Texto original publicado em 1945)*

Monsalva, Aldofo Clusela; *Sofrologia*. Livraria Editora Sulina, 1978.

Monteiro, Dr. José; *Práticas da Hipnose na Anestesia*. 2ª edição, Círculo do Livro, 1985.

Moreira, Erimá; *Alfagenia e Hipnose*. Editora Roka, 1997.

Morris, Freda; *Ajuda-te pela Auto-Hipnose*. Edições Ibrasa,

1984.

Morris, Freda; *Auto-Hipnose em Dois Dias*. Editora Record, 1974.

Morris, Netherton; *Vida Passada: uma abordagem psicoterápica*. Summus Editorial, 1997.

Nash, Michael R. and Benham, Grant; *The Truth and the Hype of Hypnosis*, 2005.

O"Hanlon, William H. & Martin, Michael; *Hipnose Centrada na Solução de Problemas*. Editorial Psy II, 1992.

Ostrander, Sheila & cols.; *Superaprendizagem pela Sugestologia*. Editora Record, 1978.

Pasos, M., & Labate, I.; *Hipnose - Considerações Atuai*s. Atheneu, 1998.

Petrie, Sidney & Stone, Robert B.; *Como Reduzir e Controlar seu Peso através do Auto-Hipnotismo*. BestSeller Importadora de Livros S.A., 1966.

Powers, Melvin, *Guia Prático para a Auto-Hipnose*. Editora Record, 1961.

Pozo, J. I, *Aquisição de Conhecimento*. Artmed Editora, 2004.

Puentes, Fabio; *Auto-Hipnose: Manual do Usuário*. Editora CenaUm, 2001.

Puentes, Fabio; *Hipnose - Marketing das Religiões*. Editora CenaUm.

Rhodes, Raphael H.; *Hipnotismo sem mistério*. Editora Record, 1994.

Robbins, Anthony; *Desperte o Gigante Interior*. Editora Record, 1993.

Robbins, Anthony; *Poder sem limites*. Editora Record, 1987.

Robbins, Anthony & McClendon III, Joseph; *Poder Ilimitado: uma escolha negra*. Editora Record, 1999.

Rosen, Sydney; *Minha Voz Irá Contigo: os contos didáticos de Milton H. Erickson*. Editorial Psy, 1997.

Roth, Ernest; *Hipnotismo Prático*. Ediouro.

Scientific Theories of Hypnosis. Acessado Maio, 2015, página internet: http://hypnosis.tools/theories-of-hypnosis.html

Schultz, J. H.; *Técnica da Hipnose*. Editora Mestre Jou, 1966.

Shrout, Richard N.; *Hipnose Científica e Moderna*. Pensamentos, 1985.

Strange, C.; *Brain in your pocket: Over 3,000 essential facts*. New York: Metro Books, 2008.

TenDam, Hans; *Cura Profunda: a metodologia da terapia de vida passada*. Summus Editorial, 1997.

Vasiliev, L. L.; *Experiments in Mental Suggestion*. Hampton Roads, 2002.

Weissman, Karl; *O Hipnotismo: psicologia, técnica e aplicação*. Editora Itatiaia, 1978.

Winn, Ralph B.; *Dictionary of Hypnosis*. Philosophical Library, 1965.

Zeig, Jeffrey K.; *Ericksonian Approaches to Hypnosis and Psychotherapy*. Brunner/Mazel, 1982.

Sobre o Autor

Fábio Augusto de Carvalho, é Hipnólogo, Poeta e Escritor. Especialista em consultoria de negócios e gestão de pessoas, é formado em Tecnologia da Informação pela Pontifícia Universidade Católica de Campinas, especialista em Gestão do Conhecimento e Capital Intelectual pela Universidade do Chile, com MBA pela FGV - Fundação Getúlio Vargas. Fez carreira internacional como executivo, gestor e consultor de negócios, atuando em diversos países; morou por 7 anos em Santiago do Chile e atualmente reside na região metropolitana de Dallas, Texas nos Estados Unidos. Nas últimas décadas tem estudado, praticado, e ensinado ferramentas e estratégias avançadas para desenvolvimento pessoal e profissional, tais como Hipnose, Neurolinguística, Coaching, ciências metafísicas e de sincronicidade. Tem várias formações, certificações e experiência aplicando e ensinando estes assuntos. É o atual presidente do *National Guild of Hypnotist - North Texas Chapter*, foi presidente da Sociedade Brasileira de Hipnologia, e é instrutor credenciado da *International Hypnosis Federation* e da Academia Brasileira de Hipnologia e Neurolinguística, membro certificado pela *American Board of Hypnotherapy*, *International Hypnosis Association*, *Asociación Internacional de Hipnosis Clínica y Experimental*, entre outras entidades. Coordena grupos de estudos dos chamados "estados alterados de consciência", é o apresentador do HypnoCast: *o podcast da hipnose.*

Contatos com o autor:

http://www.fabiocarvalho.me/pt

http://facebook.com/**FabioCarvalho.me**

http://www.HypnoCast.com.br

▶ YouTube   https://www.youtube.com/**hipnologo**

Atualizações de livros: http://www.fabiocarvalho.me/livros

www.ingramcontent.com/pod-product-compliance
Lightning Source LLC
Chambersburg PA
CBHW031123020426
42333CB00012B/205